日本語の大疑問

眠れなくなるほど面白い　ことばの世界

国立国語研究所編

GS
幻冬舎新書
635

日本語の大疑問／目次

イラスト　アキワシンヤ
図版・DTP　美創

本書は各項目ごとに表記統一を行ない、
全体での統一をしていません。
また、同じ項目内であっても執筆者の意向により
表記の使い分けがなされている場合があります。

第1章　どうも気になる最近の日本語

若者ことばの「やばみ」や「うれしみ」の「み」はどこから来ているものですか

回答＝茂木俊伸

従来用法とはちがう「―み」の登場

ご質問の「―み」は、「Twitter（ツイッター）」などのインターネット上の交流サービスにおける若者の投稿にしばしば見られる、次の（1）～（4）のような使い方ですね。

（1）今年の花粉はやばみを感じる。
（2）卒業が確定して、今とてもうれしみが深い……。
（3）夜中だけどラーメン食べたみある。
（4）その気持ち分かる分かる！　分かりみしかない。

このような「―み」の使い方になじみのない方もいらっしゃるでしょうし、私の周りの大学生に聞いてみても、「なぜここで『―み』を使うんでしょう?」と逆に質問されてしまうことがあります。そこで、次のような問いが立てられます。

【疑問1】「やばみ」「うれしみ」などの「―み」はどこから来ているのか。

文法的に見ると、この「―み」は、主に形容詞の後に付いて名詞を作る働きを持つ「接尾辞」(あるいは「接尾語」)と呼ばれるものです。形容詞に「―み」を付けて作られる名詞には、「うまみ」、「(恨み)つらみ」、「深み」などがあります。これらは「―み」の〝従来用法〟とでも言うべきもので、辞書にも載っています。

一方、(1)~(4)では、従来用法の「―み」が付かないはずの形容詞「やばい」「うれしい」や形容詞型活用の助動詞「たい」、動詞の「分かる」に「―み」が付いています。(1)~(3)の語は本来、「―み」ではなく、同じく名詞を作る接尾辞「―さ」を付けて「やばさ」「うれしさ」「食べたさ」のような形で名詞化する必要がありました。この「―さ」は広くいろいろな語に付く性質を持っていますが[*1]、(4)の「分かる」には付きません。

前の語	「―さ」	「―み」	
		従来用法	新用法
つらい	つらさ	(恨み)つらみ	つらみ
やばい	やばさ	×	やばみ
うれしい	うれしさ	×	うれしみ
食べたい	食べたさ	×	食べたみ
分かる	×	×	分かりみ

表●接尾辞「―さ」と「―み」による名詞化

このように、本来のルールでは付かない語に「―み」を付けてしまったのが、ご質問の「―み」の〝新用法〟であり、そこが、なじみのなさの原因なのです。[*2] このような新用法の例は、Twitter上で2007年から見られることが報告されています。[*3]

したがって、【疑問1】に対する直接の答えは、「名詞を作る接尾辞『―み』である。ただし、本来よりも広い範囲の語に付いている」となります。しかし、謎はこれで終わりではありません。さらに問題となるのは、次の2点です。

【疑問2】なぜ「うれしい」「食べたい」などを、わざわざ名詞化するのか。

【疑問3】名詞化するなら、なぜ「―さ」ではなく「―み」を使うのか。

「ネタ」としての面白さを表現する逸脱的用法

まず、【疑問2】については、名詞化が持つ婉曲性から説明することができます。

個人の感情や欲求は、そのまま言語化して表に出すと生々しさや主張の強さを感じさせることがあります。これに対し、「うれしい」のような感情をいったん名詞化し、「うれしみ｛がある／が深い／を感じる｝」のように分析的に表現することによって、自分から距離を置いた形で、婉曲的に表現する効果が生まれます。

大人世代でも仕事の際に、「この日程は厳しいものがあります」のように、名詞「もの」や「ところ」を使った婉曲表現を用いることがありますが、若者はそれを接尾辞「―み」で行っていると言えます。

次に、【疑問3】は、一つには、若者ことばで重視される面白さや新鮮さが動機として考えられます。

従来使われてきた「―さ」ではなく、わざと逸脱的な表現「―み」を使うことで、冗談めかした「ネタ」として自分の感情や欲求を見せることができる、ということです。

ただ、この「逸脱」の度合いは、日本語の文法ルールから見ると、実はそれほど大きなものではありません。接尾辞「―さ」と「―み」が作る名詞にはもともと性質の違いがあるとされているからです。

「―さ」による名詞化は、「その状態の程度」（例：勝利のうれしさは計り知れない）か、「その状態である様子」（例：彼はうれしさを隠さなかった）という単純な意味の名詞を作ります。

これに対して「―み」による名詞化は、「甘み」（＝甘い味）、「丸み」（＝丸い形）、「かゆみ」（＝かゆいという感覚）といった特別な意味を表す名詞を作ります。このような「―み」形は、「（具体的な）感覚」を表すとされます。[*4]

つまり、単なる名詞化ではなく、実感を伴った名詞化であるということ。「―さ」ではなく「―み」が勢力を拡大した理由は、このような点に求めることもできそうです。

＊1―橋本和佳（２００９）「形容詞の名詞化」『みんなの日本語事典―言葉の疑問・不思議に答える』（中山緑朗ほか編）pp.394-395、明治書院

＊２—水野みのり（２０１７）「ネット集団語における接尾辞「—み」の語基拡張」『思言』第13号、pp.167-174、東京外国語大学地域文化研究科・外国語学部記述言語学研究室

＊３—宇野和（２０１５）「Twitter における「新しいミ形」」『国文』第１２３号、pp.106-94、お茶の水女子大学国語国文学会

＊４—杉岡洋子（２００５）「名詞化接辞の機能と意味」『現代形態論の潮流』（大石強ほか編）pp.75-94、くろしお出版

「あのー」や「えっと」が多い人は話し下手なんでしょうか

回答＝小磯花絵

「場つなぎ表現」と話し上手の意外な関係

「えっと よければ今度は あのー この点について えー……」

ふだん私たちが話している言葉を文字に起こしてみると、この例に見られるように、「えっと」や「あのー」といった表現が意外と多く使われていることに気付きます。言葉に詰まった際に苦し紛れに使われる「場つなぎ役」というイメージがあるせいか、確かにこの表現が多いと、相手に「話し下手」という印象を与えてしまうような気もします。しかし私は、場つなぎ表現に関してこんな経験をしたことがあります。

学会発表で「話が上手だな」といつも感心して聴いているベテランの研究者がいました。話し方が流れるように滑らかで、とても説得力があるのです。その研究者の講演を収録する機会があり、文字に起こしてみて驚きました。聴いているときには気付かなかったのですが、場つなぎ表現が多く見られたのです。

ほかの研究者や大学院生の平均が1分約9個なのに対し、その研究者は何と平均12個でした。どうも単純に「場つなぎ表現の多い方が話し下手に感じる」というわけではなさそうです（分析には、国立国語研究所と情報通信研究機構、東京工業大学が共同で開発した『日本語話し言葉コーパス』[*1]を使用しました）。

そこで同じ講演データを使って分析してみたところ、次の傾向が見えてきました。驚いたことに、場つなぎ表現の多い講演の方が、聞き手に良い印象を与えやすいという結果だったのです。

・場つなぎ表現の少ない講演の方が、「たどたどしい」「単調」「自信なさそう」という、どちらかと言えばマイナスの印象を与える傾向にある。

・場つなぎ表現の多い講演の方が、「表情豊か」「流暢《りゅうちょう》」「自信ありそう」といったプラスの印象を与える傾向にある。

「あのー」「えー」の果たしている機能

場つなぎ表現は、確かに言葉に詰まったときなどの時間稼ぎとして使われることもあります。しかしそのほかにも様々な機能があるようです。

例えば窓を開けてほしいと人に頼む場合、「窓を開けていただけないでしょうか」と「あのー、窓を開けていただけないでしょうか」を比べてみましょう。前者は少し唐突な感じがするのに対して、「あのー」と場つなぎ表現が一つ入るだけで、「お忙しいところ申し訳ないのですが」といった話し手の心情が伝わり、相手に負担を強いる依頼を和らげる効果が感じられないでしょうか。

場つなぎ表現は発話の意味自体には影響しません。「あのー」があってもやはり窓を開けてほしいというお願いの発話です。しかしこの例に見られるように、話し手の聞き手に対する配慮など、様々な情報がこの短い表現を媒体にして聞き手に伝わることもあるのです。

そのほかにも、話を始めるときや別の話題・場面に移るときに、いきなり話し始めず、「えー、本日はお忙しい中お集まりくださいまして……」や「えー、次に乾杯に移りたいと思います」のように、冒頭に「えー」を入れることがよくあります。この場合、「突然」話を始めたり話題を変えたりする際の「クッション」として機能していると言えそうです。

コミュニケーションの中で重要な機能を担っている場つなぎ表現ですが、同じデータの分析から、場つなぎ表現が多いと「落ち着きがない」という印象を与えることも分かっています。また種類ごとに見てみると、「あのー」「えー」に比べて「えっと」は、「たどたどしい」といったマイナスの印象を与えるようです。「えっと」という表現の持つ子供っぽさが関係しているのかもしれません。

このように、場つなぎ表現を単に多く使えば、聞き手に良い印象を与えるというわけではありませんので、注意も必要と言えそうです。

＊1―国立国語研究所『日本語話し言葉コーパス』(https://ccd.ninjal.ac.jp/csj/)

「ちびまる子ちゃん」のおじいちゃんのような話し方をする人は本当にいるんでしょうか

回答＝臼田泰如

江戸時代の「おじいちゃんらしい話し方」は関西弁だった

アニメやまんがに出てくるおじいちゃんなどのキャラクターの中には、いかにもおじいちゃんらしい話し方をする人がいますね。それに比べて、例えば実際のおじいちゃんは、「ちびまる子ちゃん」のおじいちゃんのようには話さないことが多いと思います。ですが、「まる子や、わしはこう思うんじゃ」のような話し方は「おじいちゃん」をイメージさせるのではないでしょうか。

実際にそういうタイプの人々がそのように話すわけでもないのに、キャラクターがそういう話し方をするとなぜか「そういうタイプの人」のイメージを呼び起こす、そんな話し方が日本語にはあります。このことは少し前から「役割語」と呼ばれ、多くの学者の注目を集めてきました。

役割語の歴史は古く、大衆向けのフィクション（絵入りの小説など）が広く出回るようになった江戸時代後期には、すでに「おじいちゃんらしい」話し方をする人物が登場していました。当時、政治の中心は江戸にあり、経済の中心も大坂から江戸に移りつつありましたが、文化的な価値はまだ京都・大坂（上方）のほうが高いと考えられていました。

こうした中で、歳をとっていて知恵や経験があり、落ち着いた格調高い話し方をする人物のイメージを、上方方言を話す上方出身の人物というキャラクターによって表現しようとしたのが、「おじいちゃんらしい」人物の役割語のはじまりと考えられています。そしておそらくその頃から、「おじいちゃんらしい」話し方をするキャラクターは小説などの中に受け継がれ続け、現在でもそうしたイメージが抱き続けられているのでしょう（もちろん、話し方やイメージは少しずつ変わってきていると思いますが）。

お嬢様らしい「よくってよ」は遊女の言葉

役割語にはさまざまな種類がありますが、どれもだいたいこのように小説などによってイメージが受け継がれて成り立っていると考えられます。しかし一方で、役割語はそれぞれ別個の起源をもっていると考えられています。

例えば、「お嬢様らしい」話し方のイメージはもう少し新しいと考えられています。こちらは江戸時代の遊女の話し方を、明治時代以降の女学生が好んで使ったのがフィクション作品にも定着したものとされています。夏目漱石の『三四郎』では、登場人物が、女学生がしきりに「よくってよ、知らないわ」という話し方をしているという話をしています。当時の女学校はかつての武家や公家の息女をはじめとする良家の娘さんしか通うことができませんでしたので、女学生の話し方がお嬢様のイメージと結びついていったのでしょう。

こうした、キャラクターのイメージを呼び起こす話し方は、時代とともに生み出されたり、あるいはなくなってしまったりすると考えられます。

例えば、極端に抑揚のない話し方を、私たちは「ロボットみたい」だと感じますが、これはもちろんロボットのイメージが社会になかった頃には存在しなかった役割語でしょう。

一方、若い人はご存じないかもしれませんが、かつて「ザ・ドリフターズ」というグループが日本のテレビのお笑いにおいて存在感を放っていた頃、彼らのコントにはときおり、「どうもスンズレーしました」というような、南東北〜北関東あたりを想起させるセリフが登場しました。20世紀後半には、東北から東京に出てきて働いている「上京者」、もっと限定すれば「集団就職者」のイメージが社会にあったことに、その根源を求めることができるかもしれないと私は考えています。まだ根拠はありませんので、ご関心の向きはぜひ調べてみてください。

どこかにそういう話し方をするおじいちゃんがいるのかどうかということについては、どこかにいるかもしれないし、いないかもしれないとしか言えませんが、少なくとも、フィクションの世界にはかなり昔からいたらしいということですね。

世界中で使われている絵文字は日本発祥だそうですね

回答＝三宅和子

発売当初のiPhoneに絵文字はなかった

絵文字はもともと、NTTドコモが1999年に世界に先駆けて開発したインターネット接続サービス、iモードに搭載されたものです（図1）。

しかし、現在世界のスマホやPCで使われているemojiとはかなり雰囲気が違いますよね。例えば、NTTドコモで最初に作られ「わーい（嬉しい顔）」と名づけられたは、😀[*1]や👦と比べると、シンプルでピクトグラム[*2]（図2）に近いようなものでした。

NTTドコモの絵文字は、無機質な携帯メールの素っ気なくなりがちなメッセージにつけて、事物や気持ちを表し楽しい雰囲気を醸し出す便利な「文字」として、日本中にあっという間に広がりました。現在のソフトバンクやauも矢継ぎ早に絵文字を開発して、数もどんどん多くなっていきます。

図1●ニューヨーク近代美術館が収蔵品とした176の絵文字
（iモードに最初に搭載されたデザイン）

図2●ピクトグラムの例
出典：標準案内用図記号〈（公財）交通エコロジー・モビリティ財団〉

こうして絵文字は、２０００年代の日本における携帯メールのコミュニケーションを語るうえでは外せないアイテムとなります。

日本にはもともと、文字と絵がともに競い合うようにひとつの世界を表現する絵画や文学の伝統がありました。

例えば色紙や屏風に書かれた和歌は文字と絵が一体になった芸術でしたし、『東海道中膝栗毛』などの読み物も絵と一緒に楽しまれました。このような伝統がマンガを生み出し、そうした視覚重視の表現の形が自然に絵文字の発達を加速させたのかもしれません。現在主流になったスマホでＬＩＮＥスタンプが大人気なのも、この流れから理解できますね。

絵文字は若者の間では、友人や家族に対するプライベートな携帯メールのやりとりの中で、顔文字や記号、文字遊びなどの視覚的な要素とともに頻繁に使われました。特定の意味を表すというより、ノリやリズムを演出したり、色味や雰囲気づくりに貢献したり、句読点代わりに用いられたりして、装飾的機能が目立つようになっていきました。

ところが同時期の欧米では、文字だけのショートメールが使われていました。そこではエモティコン、スマイリー、フェイスマークなどと呼ばれる、コロンやカッコを組み合わ

:-)　　:)　　:-(　　:D

B-)　　8-)　　:o　　XD

図3●欧米の顔文字。90度頭を傾けて見る。

せた顔文字（図3）が使われる程度で、日本の絵文字のようなものはいっさいなかったのです。

ですから、アメリカで開発された iPhone が日本で発売された当初、絵文字が全く使えず、視覚に訴えるコミュニケーションに慣れた日本人、特に若者にとっては味気ないものでした。

当時日本の携帯電話会社で唯一 iPhone を販売していたソフトバンクの孫社長は、日本での iPhone の普及には絵文字の導入が欠かせないと強く主張し、絵文字を世界標準にする Unicode 化が進められることになります。そして２０１１年に Unicode 化された絵文字が emoji として iPhone に搭載されるようになると、一気に世界中に広がっていったのです。

絵文字からemojiへ

２０１５年にはオックスフォード大学出版局が毎年選ぶ「ワード・オブ・ザ・イヤー」に、emojiの中の「泣き笑い」の表情を表す‘Face with Tears of Joy’😂が選ばれました。２０１６年には、ニューヨーク近代美術館（MoMA）が、ＮＴＴドコモが作成した最初の絵文字１７６個を常設収蔵品として購入して話題になりました。emojiの世界的な広がりと歴史・文化的な重要性を象徴するできごとですね。

というわけで、絵文字はもはや日本独自のものではなくなりました。でもemojiの中には、🌀（なると巻き）や♨（温泉）、💁（案内嬢）のように、日本人や日本をよく知る人でないと分かりにくいものもあり、意味の取り違えが起こる恐れもあります。

さらに、世界的な浸透の中で、人々の多様性に対応して皮膚の色の種類を増やすなどの配慮をするようにもなってきています。恋人や手をつないだ二人を描いたemojiを使いたい場合も、👫（男女）だけではなく、👬（男男）や👭（女女）の選択ができるように新たなデザインが加えられていく方向に進んでいるのです。

この例が示すように、当初の絵文字がピクトグラムのような単純なデザインであったために多様性を考慮する必要があまりなかったのに対して、具象性を持つemojiでは考える必要が出てきて、その数をどんどん増やしていかざるを得なくなってきているという点も興味深い現象ですね

＊1—"Twemoji" by Copyright 2020 Twitter, Inc and other contributors is licensed under CC-BY 4.0
＊2—ピクトグラム：非常口やトイレの目印、交通標識などに代表される、目につきやすく無駄のない線や色で表される図記号をいう。
＊三宅和子（2012）「ケータイの絵文字—ヴィジュアル志向と対人配慮」『日本語学』第31巻第2号、pp.14-24、明治書院
＊三宅和子（2014）「電子メディアの文字・表記—「超言文一致体」の現在と未来—」『日本語文字・表記の難しさとおもしろさ』（高田智和・横山詔一編）pp.198-183、彩流社
＊フィッシャー・S・R（2005）『文字の歴史』（鈴木晶訳）研究社

これまでの絵文字・顔文字とLINEのスタンプでは何か違うのでしょうか

回答＝宮嵜由美

絵文字・顔文字につきまとう悩み

巷間《こうかん》には様々なスタンプが存在しますが、ここで言うスタンプとは、「LINE」という、2者間（もしくは3者以上のグループ）で文字・画像のやり取り、音声・ビデオ通話もできるアプリケーションで使われるイラストを指します。百聞は一見に如《し》かず、図1の丸で囲んだ部分がその「スタンプ」の例です。

この二十数年、私たちはメールやチャットなどを使って〝顔が見えない〟〝声の調子がわからない〟相手に対し、文字による即時的なやり取りを日常的に行い、場合によっては、文字メッセージを補うように「絵文字❤」や「顔文字(^-^)」を駆使して、できる限り自分の想いを誤解なく伝えられるよう努力してきました。

ただ、送る相手や内容によっては、どんな絵文字・顔文字を使えばいいのか、随分悩んできたように思います。それはなぜだったのでしょう。

通じ合える文字は社会集団ごとに異なる

「文字」が付く絵文字と顔文字ですが、そもそも「文字」とは。『大辞泉 第二版』（小学館 2012年11月）には、「言葉を表記するために社会習慣として用いられる記号」との記述があります。

何をもって「社会」とするかは大変に難しい問題ですが、たとえば私は生まれて最初に家族という社会に属し、学校という集団生活を経て、今は

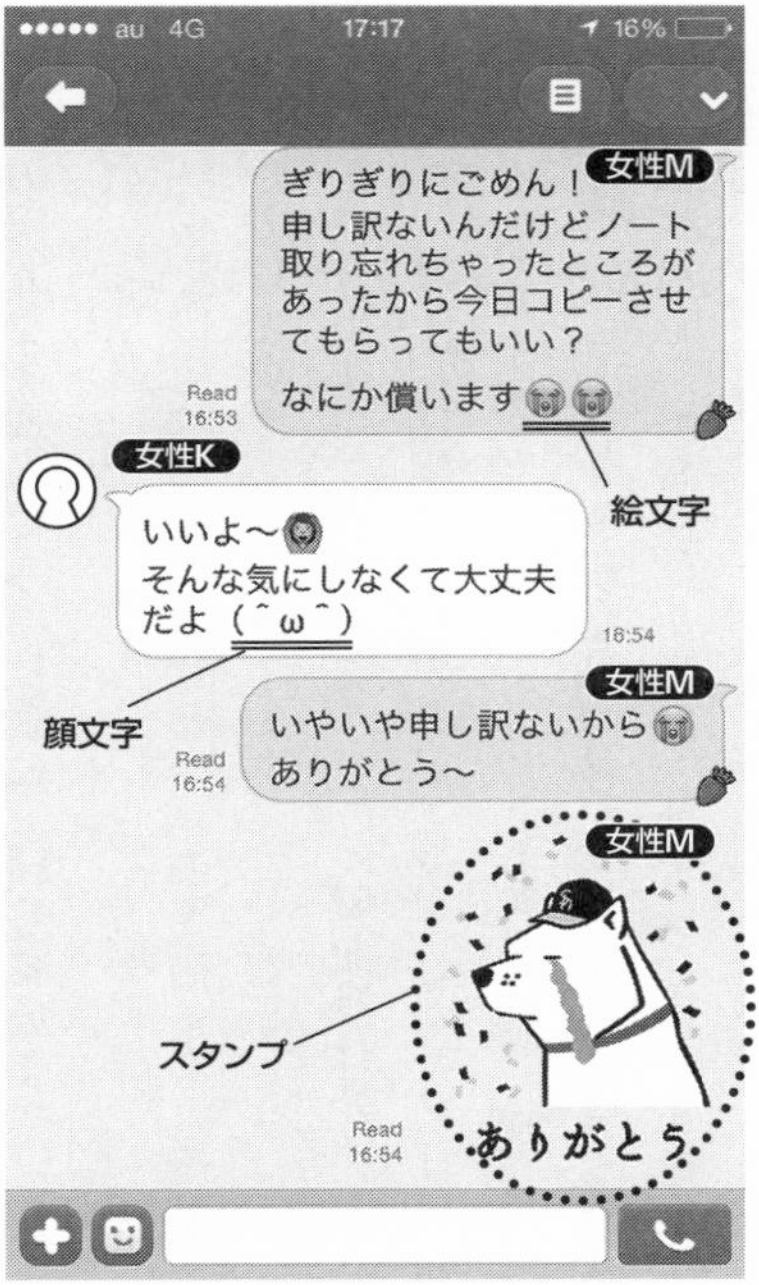

図1●仲の良い女子大生同士の依頼の場面①

ことばの研究をする人たちの社会にも属しています。気の合う仲間のグループも社会集団と言っていいでしょう。

そして、その集団にしか通じない「ことば」や「伝え方」が生まれ、習慣化し、私たちは必要に応じて身につけていきます。

たとえば今現在、「!」や「?」などの記号は多くの人がその必要性から意味を共有しています。しかし15年ほど前のこと、学生だった私は当時50代の先生から「ところで君、〈遅れてごめんー〉の、〝し〟……いや、〝も〟みたいなのは何?」と質問を受けたことがありました。0・1秒程質問自体の意味を考えました。同じ習慣を共有していない人との間では、自分の当たり前が当たり前ではないことを痛感した出来事でした。かく言う私も、昔は〈:)〉、数年前まで〈orz〉から何を見出したらいいのかわかりませんでした[*1]。

このように絵記号は、せっかく文字メッセージを補うために使用しても〝何を意味しているのか〟を共有できなければ効果が薄れてしまうこともあります。

また、絵文字は、送受信者の使用する端末やOSの違いで文字化け（〓や?など）が起こってしまい、そもそも表記自体がされないことがあります。

スタンプを選ぶ基準は「かわいい」「楽しい」だけなのか

顔の見えない相手の反応に、私たちは敏感です。人間関係の構築途中であればあるほど、個人差はあれ、互いに自身の想いを誤解なく伝え合おうと懸命に工夫をします。絵文字や顔文字がその補助をしてくれてきたのも確かです。

ＬＩＮＥが登場して以降も、絵文字・顔文字は「吹き出し」という一度に送るメッセージを示す枠の中に登場しています（図1）。

それらに加えＬＩＮＥでは「スタンプ」が登場しました。この「スタンプ」は相変わらず文字化けを起こす絵文字・顔文字とは違い、ＯＳが違っても文字化けを起こすことはありません。

「スタンプ」はＬＩＮＥに最初からそなわっているものだけでなく、新たに無料で利用できるものをダウンロードしたり、有料で購入したりする人もいます。動くスタンプや音でメッセージを発するスタンプも多く登場しています。

ただ、私たちは、動く！　音が出る！　楽しい！　という興味だけで使用するスタンプを選んでいるでしょうか。相手との関係や内容によって〝どう伝わるか〟を手探りしながら選んでいるのではないでしょうか。場合によっては、絵文字・顔文字は使えても、「ス

図２●仲の良い女子大生同士の依頼の場面②

タンプ」は使えない、使わない、という関係や内容もあり、使い方をまだまだ模索している段階にあるように思います。

　模索中とはいえ、スタンプを購入できる「ＬＩＮＥ ＳＴＯＲＥ」のこの数年の人気スタンプ上位には、イラストに文字メッセージが付与されているものが多くみられます。この文字付きスタンプを使い、図２のように、まるで通常の会話みたいに「スタンプ」だけでやり取りが行われることも少なくありません。

　図１、２は、私のささやかな実験に協力してくださった大学生たちのある依頼場面です

が、依頼することの心理的負担が増し、きちんとこちらの気持ちを伝えたいときほど、文字が付与されたスタンプがより多く使用される傾向にありました。互いの負担に応じ、より誤解のないよう、そのスタンプが何を意味しているのかを明示させるための選択と捉えられそうです。

この文字付きのスタンプは、先のＳＴＯＲＥでも「万能！」「毎日使える！」とキャッチコピーが付いた「敬語」スタンプが人気上位に入っています。これまで私たちが長年培ってきた「敬語」ということばの社会の慣習を、新しい伝達方法でも役に立てようとしている様子が窺《うかが》えます。

ここまで、絵文字・顔文字はこれまで通り存在しているのに「スタンプ」がみなさんに使われやすくなった理由を中心に、その違いを考えてみました。

まずは絵文字のように文字化けの心配がない点、そして記号を組み合わせた顔文字などよりもその意味を汲み取りやすく、確実に相手に届けることができる点などをその理由にあげました。

さらに、イラストの意味や気持ちを誤解なくきちんと伝えておきたいときには、文字が付与されているものを選べば、伝えたかったことと伝わることとの齟齬《そご》を軽減させることもできます。

これらの点が「スタンプ」がこれだけＬＩＮＥ利用者に広まり、浸透している理由となっているのではないでしょうか。

ただし、誰に対し、どんなシチュエーションならばこの「スタンプ」自体を使っていいのか、絵文字・顔文字よりも登場が新しい分、私たちはまだ手探りの途中にあると考えます。

＊1―〈;〉は汗を表します。〈:)〉は90度右に回転させると:)が目と口を、〈orz〉は横書きにするとoが頭、rが手や胴体、zが跪《ひざまず》く様子を表しています。

＊宮嵜由美（２０１５）「ＬＩＮＥを用いた依頼場面における送受信者の言語行動―表現の担う機能と構造に着目して」『言語メディアと日本語生活の研究』（西尾純二ほか編）pp.5-20、大阪府立大学人間社会学部・大学院人間社会学研究科

＊宮嵜由美（２０１８）「ＬＩＮＥデータベースの設計と属性情報付与の現状について」『言語資源活用ワークショップ２０１８発表論文集』pp.176-184、国立国語研究所学術情報リポジトリ（http://doi.org/10.15084/00001651）

何でも略して言うと、正しい日本語が失われてしまうのではないでしょうか

回答＝相澤正夫

略語はなぜ生まれるのか

「ケータイ」「ラジカセ」のように、本来の言い方である「携帯電話」「ラジオ・カセットテープレコーダー」の一部を省略した言葉を、略語と言います。略語は、本来の言い方を正式なものと考える立場からは、略式で正しい日本語から逸脱したものに見えるかもしれません。しかし、実際の言語生活を振り返ってみると、むしろ略語なしではやっていけない現実があることに気づかされます。私たちは、略語に対しても柔軟な姿勢で臨む必要がありそうです。

略語は、もとの語形の一部、場合によっては相当な部分を失っていますが、意味はもとのままであるのが普通です。同じ内容をより短い語形で言い表すことができるので、てきぱきと効率的に情報伝達を行うには、まことに好都合です。

略語は、簡単で便利に使える代用の語形として生まれるわけですが、時の経過とともに、代用物としての地位から解放され自立していくことも多いようです。「スーパーのレジ」と「スーパーマーケットのレジスター」を比べてみれば分かるように、現在では略語の方に代用物という感じがありません。「テレビ」「ガム」を、本来の言い方である「テレビジョン」「チューインガム」を意識しながら使っている人は、もはやほとんどいないのではないでしょうか。

省略のされ方には傾向がある

略語を作る目的は、語の長さを短縮することにあります。しかし、短ければ短いほどよいというわけではありません。本来の語形をそれとなく指し示すことのできる、最低限の長さが必要となります。

例えば外来語は、もとの外国語を日本語式の発音にするために、語形がどうしても長くなりがちです。そのため、略語がさかんに作られることになりますが、その長さは2拍から長くても5拍、特に4拍が目立って多いことが知られています。次ページにその語例を示します。なお、「拍」はカナ1字分に相当する長さの単位ですが、「ショ」のような拗音《ようおん》

2拍	**ロケ**（ーション）、 **スト**（ライキ）、 **コネ**（クション）
3拍	**パンフ**（レット）、 **マイク**（ロホン）、 **アルミ**（ニウム）
4拍	**イラスト**（レーション）、 **リハビリ**（テーション）
5拍	**コンタクト**（レンズ）、 **ステンレス**（スチール）

長い外来語を略語にした例

だけは2字で1拍になります。例えば上の「コネクション」は、全体で5拍の単語です。

さらに、外来語に限らず、日本語の単語全体について略語の作られ方を調べてみると、圧倒的に優勢な省略の仕方が、前後の二つの成分から2拍ずつをとって4拍にまとめるものであることが分かります。冒頭の「ラジカセ」もその例ですが、「リモ（ート）コン（トロール）」「通（信）販（売）」「原（子力）発（電所）」「うな（ぎ）どん（ぶり）」「学（生）割（引）」「サラ（リーマン）金（融）」など枚挙にいとまがありません。

略語と本来の言い方を適切に使い分ける

一般的に言って、略語はそれが登場した当

初は違和感があっても、大勢の人が使うようになり世の中への定着が進むと、それほど抵抗を感じない普通の言葉になっていくようです。「ワープロ」や「パソコン」もそのような道をたどってきました。しかし、一方で本来の言い方が意識される場合には、それとの対比の中で、格調に欠ける俗っぽい言い方としての側面が浮かび上がってくることも確かです。

実際に略語を使うときに、注意しなければならないのは、この点です。例えば「セクハラ」という略語は、広く日常的に使われるようになってきており、ふだんの会話などではこれで問題はありません。しかし、役所や法律では、正式の名称として「セクシュアル・ハラスメント」を採用していることも事実です。

服装に正装と略装があるように、言葉にも正式名称と略称があります。いずれも一方だけでは実際の多様な場面に対応することができません。大切なのは、場面によって両者を適切に使い分けることであって、一方を切り捨てることではないように思われます。

＊相澤正夫（2000）「「ケータイ」にひとこと」『日本語学』第19巻第12号、明治書院

第2章　過剰か無礼か？敬語と接客ことばの謎

外国人の友人が先生に「推薦状をお書きください」と言いました。丁寧な言い方なのに失礼な感じがするのはなぜですか

回答＝井上優

「お〜ください」は「促し」または「懇願」を表す

「お〜ください」は「〜てください」よりも丁寧な表現です。目上の人に対して「こちらで休んでください」と言うのはぞんざいな感じがしますが、「こちらでお休みください」と言うのは適切な言い方です。しかし、同じ「お〜ください」でも、先生に「推薦状をお書きください」と言うと失礼な感じがします。これはなぜでしょうか。

「お〜ください」には、主に二つの使い方があります[*1・2]。一つは相手の動作を促したり丁重に誘導したりする気持ちで「お〜ください」と言う場合、もう一つは「お願いですから、どうか」と懇願する気持ちで「お〜ください」と言う場合です。

（1）（さあ）どうぞこちらでお休みください。［促し］

少々お待ちください。［丁重な誘導］

（２）（お願いですから）どうかお許しください。［懇願］

問いの場面は「先生に対して、自分のために推薦状を書いてくれるよう依頼する」という場面ですが、この場合は、先生に懇願するというわけではありません。

また、先生のために「どうぞこちらでお休みください」と促すことは問題ありませんが、自分のために推薦状を書くよう先生の動作を促したり誘導したりするのは厚かましいという印象を与えます。

先生に対して「推薦状をお書きください」と言うと失礼な感じがするのはそのためです。

この場面では、「推薦状を書いていただけないでしょうか」、あるいは「推薦状を書いていただきたいのですが」のような言い方が適切な表現として選ばれることになります。

だれもが無意識にやっている「表現の微調整」

この「お〜ください」に限らず、私たちは、人とのコミュニケーションにおいて、特に意識することなく、相手や場面に応じた表現の調整を行っています。例えば、次の二つの文を比べてみてください。

（3）ちょっと窓を開けてもらえますか？
（4）ちょっと窓を開けてもらえませんか？

（3）、（4）はともに依頼の表現ですが、「もらえますか」は比較的頼みやすいことを頼む表現、「もらえませんか」は頼みにくいことを頼む表現という違いがあります。[*2] 頼みにくいことを頼むという気持ちが暗示される分、「もらえませんか」の方が相手に対する遠慮の気持ちは明確に伝わります。

そのため、先生に推薦状を書いてくれるよう依頼する場面では、「推薦状を書いていただけるでしょうか」よりも、「推薦状を書いていただけないでしょうか」という表現の方がより適切な表現として選ばれることになります。

日本で生まれ育った人たちは、日常生活の中でこうした微妙な表現の調整を自然に身に付け、特に意識することなく、場面に最もふさわしい表現を選んでいます。これは、子供のときに自然に身に付けた日本語の文法を活用して、特に意識せずに、様々な日本語の文を作り、人の発話の内容を理解するのと基本的には同じことです。

日本語を外国語として学ぶ人たちも、日本人とのコミュニケーションを通じて、相手や場面に応じた表現の調整を身に付けていることが少なくありません。しかし、やはり外国語なので、常にうまく調整ができるわけではありません。そのようなときに、時と場合に応じて、さりげなく「こういうときはこう言うといいよ」とアドバイスできれば、日本語を外国語として学ぶ人たちとのコミュニケーションはより豊かなものになると思います。

＊1―新屋映子ほか（1999）『日本語教科書の落とし穴』アルク
＊2―森山卓郎（2002）『表現を味わうための日本語文法』岩波書店

お客さんに対して使われている言葉には、デパートか個人商店かといった店の種類による違いがあるのでしょうか

回答＝井上文子

「閉店は何時ですか？」にどう答えるか

あなたが店員さんだったとして、お客さんに「閉店は何時ですか？」と尋ねられたら、どう答えますか？

実際に、デパート、スーパー、個人商店など、関西にあるいろいろなお店で、閉店時間を尋ねてみました。すると、様々な答えが返ってきました。その結果を録音し、敬語の段階を考慮して三つに分類したのが次ページの図です。

Cの「7時でございます」「7時になっております」のように、「ございます」「おります」が付いた形が使われる率は、デパートで最も高く、スーパー、個人商店の順に低くなっています。けれども、デパートで使われる言い方全体から見ると、「ございます」「おります」は2割弱に過ぎず、「です」「ます」が7割近く用いられていました。

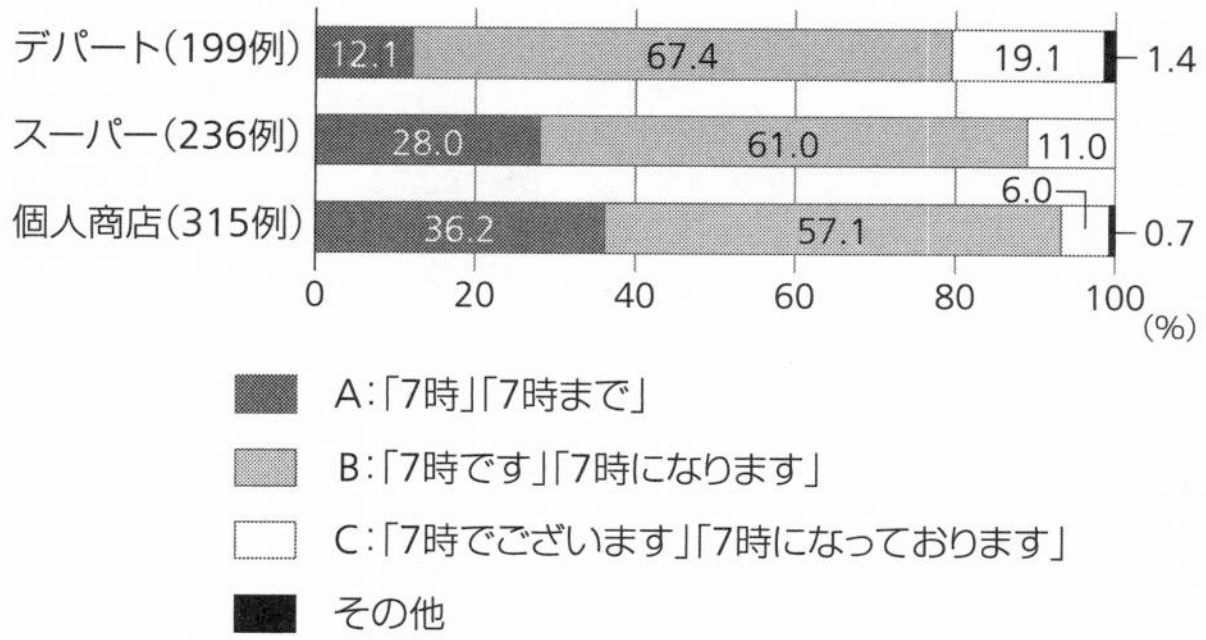

図●「閉店は何時ですか?」に対する答え

デパートでのアルバイト経験者によれば、「です」「ます」体は失礼に当たるとして、「ございます」「おります」体を使うように指導されたということです。ある百貨店の接客マニュアルでも、「使ってはいけない言葉遣い」として「○○です」を明記し、「○○です」に対応する「好ましい言葉遣い」として「○○でございます」を掲げています。指導やマニュアルと、現場での実態とはかなり違っているわけです。

ところが、デパートの総合案内に電話をかけ、閉店時間を聞いてみると、売場とは違った結果となりました。「7時でございます」「7時になっております」が全体の7割も使われ、更に丁寧な「7時まで営業いたしております」が1割以上も現れました。電話での対応は、比較的、接客マニュアルに忠実であるということが言えるようです。

一方、Cと対照的なのが、Aの「7時」といった敬語表現のない形です。個人商店で最も高く、スーパー、デパートの順に低くなっています。

丁寧語以外でも丁寧さは表せる

しかし、Aのような言い方が多いからといって、必ずしも話し方がぞんざいというわけではありません。丁寧語が存在しなくても、丁寧さを表すことができるからです。個人商店の例を挙げてみましょう。

「いつもは7時なんやけど、うちね、今日たぶん、ぼく早く帰りたいから、6時半ごろに閉めたいんやわ」

「大体6時半ぐらいに閉めてるんやけど、急ぎはるようやったら、ここのシャッター開けてくれはったら、この中に、家にいるんで」

ここには、相手の気持ちを考えて、理由や事情を詳しく説明するなど、画一的なマニュアル敬語にはない、十分な配慮があります。大規模店に押されながらも、地域にしっかり根づいている個人商店が多いのも、こういうところがポイントになっているのかもしれません。

＊真田信治・井上文子（1995）「関西圏における接客敬語行動—店舗形態によるバラエティ〈その1〉—」『阪大日本語研究』第7号、大阪大学文学部日本学科（言語系）(https://ir.library.osaka-u.ac.jp/repo/ouka/all/8425/07-04.pdf)

百貨店で「横浜からお越しの松坂様、お近くの売場までご連絡ください」という放送がありました。これはプライバシーの侵害になりませんか

回答＝中西太郎

火事とともに現れる「ニシタケマモル」

百貨店は、スーパーやコンビニ等と異なり、高級品を扱い、顧客に満足感を与える接客を重視する業態なので、お客に不快な感じを与えないよう、ことば遣いにも特に気を配っています。案内放送の時のプライバシーへの配慮も当然していることでしょう。

そう考えると、おそらく、具体的な名前を入れたその店内放送は、「松坂」という客への連絡ではなく、隠語を使って店員への連絡を行うものだったのだと思います。もし一般のお客に向けた連絡だったとしたら、迷子の案内等を除き、「おもちゃ売場で○○をお買い上げのお客様、お近くの売場までお越しください」のようにすることでしょう。

隠語とは、２人以上が何かを隠す意図で、人工的に作った言葉のことを言います。[*1] 百貨店には、お客に聞かれるのが好ましくないやりとりを別の表現に言い換えて社員のみに伝

える隠語が多く存在します。

問いの「横浜からお越しの松坂様、お近くの売場までご連絡ください」という個人名が入った放送は、「横浜」の部分が用件、「松坂」が対象の社員名を表し、例えば「お客様からクレームが来た（＝横浜）ので、担当の松坂さん、すぐ来てください」というような意味を伝えている可能性があります。現に、西武百貨店では、火事などの緊急事態の発生を社員に伝える「ニシタケマモル」という個人名を模した隠語があるそうです。

お客様に知られずに伝えたい言葉

この他にも、店員間で使われる隠語が様々あることが知られています。百貨店業界の用語をまとめた米川明彦『集団語の研究 上巻』[*2]によると、そのような隠語をジャンルごとに分けると、9種になります。例えば、食事・休憩に関する語、トイレに関する語、客に関する語、商品・販売に関する語などの分類があるとされています。

これらの隠語のジャンルから見える特徴は、業務中に、お客様に知られずに伝えたい重要度・頻度が高い内容が隠語になることが多いということです。

例えば、あるお店では、「食事・休憩」を「いせ」と言い、「いせ頂きます」のように使

	トイレ 	食事 	客 
三越	遠方	喜左衛門	前主
松坂屋	新閣／中村	喜座	お成り
松屋	二の字	八の字	
東急	すけんや	仙の字	といれ
髙島屋	仁久	有久	五八様
大丸	さんさん	ぎょく	
そごう	さんさん	まる	

表●百貨店の隠語の例
出典：米川明彦『集団語の研究 上巻』より、筆者が一部改変

っています。昼にとる休憩なら「昼いせ」、夕方なら「夕いせ」と言うそうです。この「いせ」は食事・休憩の言い方の一例で、お店によっても異なります。上の表に、よく使われる単語のお店ごとの違いを示しました。

さらに同じ系列店でも店舗によって違う言い方をすることもあります。表の松坂屋の「トイレ」欄には「新閣／中村」と、2つの言い方を挙げています。これは、同じ松坂屋でも、大阪店ではトイレを「新閣」と呼び、名古屋店では「中村」と呼ぶという違いを反映しています。

これらの言い方はでたらめに作られているのではなく、多くが連想や洒落等によってできています。例えば、髙島屋の「五八様」は、

客は客でも「お得意様」を指すのですが、「五八」＝「五×八＝四十（しじゅう）」＝「始終（来る）」＝「お得意様」という連想で作られたと言われています。

ちなみに、近年では百貨店業界の生き残り競争も激しく、閉店や統合を迫られることもあります。その時にはこういった言葉はどうなるのでしょう。

一つの例として２００７年に「大丸」と「松坂屋」が統合した「大丸松坂屋」があります。この両社の経営統合にあたっては、両社社員の用語の違いを統一する試みが行われました。先に紹介したような隠語も含め、１７０もの用語を対照させて収めた用語集が作られたといいます。[*3] 消費者である私達の目に触れることはあまりありませんが、社会の変化に伴い言葉が大きく変化した興味深い事例と言えるでしょう。

＊１―木村義之（２００９）「隠語の世界」『みんなの日本語事典―言葉の疑問・不思議に答える』（中山緑朗ほか編）pp.360-361、明治書院

＊２―米川明彦（２００９）『集団語の研究 上巻』東京堂出版

＊３―青木均（２００８）「大丸と松坂屋の経営統合」『地域分析』愛知学院大学産業研究所所報47（1）pp.87-100

＊木村義之・小出美河子編（２０００）『隠語大辞典』皓星社

すでにお店に入っているのに「いらっしゃいませ」と言うのはなぜですか

回答＝居關友里子

「あいさつ」になるとことばの意味は薄れる

「いらっしゃいませ」ということばは、二つの部分に分けることができます。一つは動詞「いらっしゃる」の連用形「いらっしゃり」がイ音便化した「いらっしゃい」です。「いらっしゃる」は「来る」「行く」「いる」の尊敬語です。

もう一つは丁寧の助動詞「ます」の命令形「ませ」で、相手に何かを丁寧に要求したり促したりする表現です。これは省略されることもあります。

私たちが想像しやすい「いらっしゃい」は、「こちらにいらっしゃい」などのように、聞き手が話し手の方に来るよう促すものです。江戸時代の書物でも、見世物の客寄せの際に道を行く人が立ち寄るよう呼びかけることばとして「いらっしゃい（ませ・まし）」が用いられています。この客の呼び込みとしてのことばが、繰り返し用いられることを通して

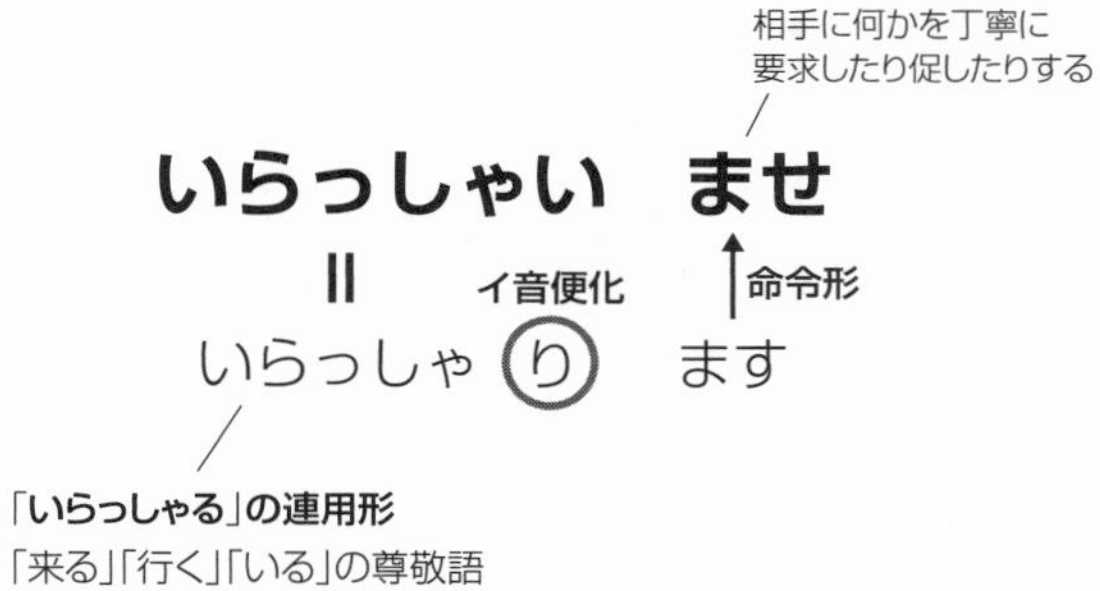

図●「いらっしゃいませ」は2つの部分に分けられる

定着し、客に対する歓迎の気持ちを広く表すものとして使用されるようになったと考えられています。

さて、私たちが普段ことばを使ってやっていることの一つに「あいさつ」があります。あいさつは人と人とがふれあう場面で、お互いが気持ちよく過ごすために使う決まり文句です。同じことばが何度も何度も使われることによって、もともとあったことばの意味をいちいち考えなくても使えるように変化しています（たとえば「おはようございます」を使うときを想像してみてください）。

「いらっしゃいませ」も同じように、これを言うときも言われるときも、もともとのことばの意味を強く意識することはなかなかありません。つまり「いらっしゃいませ」は、あいさつ表現として定着しているということです。

もともとは客がこちらに来ることを促す表現、呼び込みとして用いられる表現であった「いらっしゃいませ」がすでに店内にいる客に向けても用いられるのは、これがいまや店員から客へのあいさつ表現になっているためです。

「いらっしゃいませ」が客に安心感をもたらすわけ

「いらっしゃいませ」が実際にどんなふうに使われているか例を挙げながら、このあいさつ表現の特徴について考えてみます。

飲食店に入って店員が見えないときを想像してみてください。きっと不安になると思います。こんなときに奥から「いらっしゃいませ」と聞こえてきたらどうでしょうか。満員の店内で店員が大忙しのときも想像してみてください。ここでも「いらっしゃいませ」と聞こえてきたらどうでしょう。あなたは安心して待つことができるのではないでしょうか。

どちらの場合も「いらっしゃいませ」を聞くことで、この後店員が応対してくれると予想することができます。このとき「いらっしゃいませ」のあいさつは、「あなたが来たことに気づいていますよ」という合図として利用されています。これがなかったときあなたは不安で「すみませーん！」などと大きな声で店員を呼びたくなってしまうかもしれません。

この「いらっしゃいませ」は「こんにちは」と同じ使い方だと思うかもしれませんが、実は大きな違いがあります。たとえば、私たちが店と取引きのある業者スタッフとして店を訪れるとき、「いらっしゃいませ」と声を掛けられることは普通ありません（きっと「こんにちは」や「おつかれさまです」「おせわさまです」などが使われるでしょう）。

そのためさきほど想像してもらった、店員の姿が見えなかったり、店員が大忙しである状況で聞こえてきた「いらっしゃいませ」のあいさつには、店員が「誰かが来たこと」だけでなく、「客が来たこと」に気づいていることが表現されているといえます。だからこそ私たちは、この後「接客」してもらえると思って待つことができるのです。

もう一つ、あなたがいつも店員をしているお店で、来店した友だちに出会った場面を想像してください。これがあなたの勤務時間中だった場合、あなたは「いらっしゃいませ」

と言うことができます。これに対し、あなたが勤務を終えた後、ちょっと自分のものを買うために店に残っている場合、「いらっしゃいませ」とは言いにくくなるのではないでしょうか。

つまり「いらっしゃいませ」は、「店員」として行動しているそのときにだけ「客」に向けて使うことができる、人の役割と結びついたあいさつ表現なのです。

*串田秀也・好井裕明編（２０１０）『エスノメソドロジーを学ぶ人のために』世界思想社
*小松寿雄・鈴木英夫編（２０１１）『新明解語源辞典』三省堂
*洒落本大成編集委員会編（１９７９）『洒落本大成　第五巻』中央公論社

店員さんから「確認させていただいてもよろしいですか?」なんて言われると、目が点になります。日本語の乱れでしょうか

回答＝滝浦真人

「いらっしゃいませ、こんにちは〜」は言葉の〝遠近両用〟

「させていただいてもよろしいですか?」という言い方はずいぶんと長たらしくて丁寧ですね。「ポライトネス」という用語があります。〝言葉で表される対人配慮〟といった意味なので、ご質問は「接客場面におけるポライトネス」に関わるものと言えます。

人間関係に遠い関係と近い関係があるように、言葉にも遠い言葉と近い言葉があります。たとえば、敬語は遠い言葉、いわゆるタメ語・ため口は近い言葉の典型です。人はそれらを人間関係に応じて使い分けたり、それらで人間関係を変えたり(調節したり)しますし、時に、使い方が相手の気持ちに沿わず不愉快にさせてしまうこともあります。

ポライトネスの観点からすると、コミュニケーション場面では、ちょうどよく感じられるポライトネスもあり、人間関係を動かすポライトネスもあり、はたまた、しくじるとイ

ンポライトネス（失礼）になってしまうこともある、という話です。そして、接客場面というのは、お客さんからお金を頂戴することもあって、ポライトネスについて最も繊細に気をつかうケースの一つと言えるでしょう。

服を買いに行くとします。お店によって、

「いらっしゃいませ、どうぞご自由にご覧くださいませ」

と言われるだけのこともあれば、いつのまにか近づいてきていた店員さんから、

「そのパーカー、すごくいいですよね！　私も色違い持ってます！」

などと、いきなり親しげに具体的なコメントをされることもあります。大まかに言って、対象年齢層が高めで価格も高めなほど前者の傾向に、年齢層が低めで価格も抑えめなほど後者の傾向になると言えそうです。敬語をはじめ丁重な言葉遣いの前者は遠い言葉、踏み込みが強くて「ね」で共感に訴えてくる後者は近い言葉を使っていると言えます。

遠い言葉は、相手になるべく触れないようにすることで、かしこまった丁重さを表現するのに向いています。反対に、近い言葉は、積極的に相手と触れ合うことで、うちとけた親しさを表現するのに向いています。

コンビニなどから始まり、あちこちで聞くようになった店員さんのあいさつ言葉に、

図1●「優先させていただいております」
（東京メトロ半蔵門線内の看板）

図2●遠い言葉と近い言葉

図3●〝遠近両用〟のストラテジー

「いらっしゃいませ、こんにちは〜」というのがあります。奇妙なあいさつですが、じつはこれも言葉の遠近で説明できます。「いらっしゃいませ」は丁寧なあいさつで、初めてのお客さんにも安全に使うことができます。それに対し、「こんにちは」は本来知っている相手に使うあいさつです。

この2つを並べて一度に言うのは、まずは丁重なあいさつで迎えておいて、それで（一応この場での）人間関係ができたと見なし、知っている人への親しいあいさつを重ねるという、〝遠近両用〟のストラテジー（作戦・戦略）と見ることができるのです。

クダサルとイタダクはどう違うのか

敬語を発達させてきた日本語には、遠い言葉が豊富です。ご質問にあった「させていただく」もそうで、本来、目上の相手の許可を得て何かをすることで相手から恩恵を受けることを表す、とても丁寧度の高い言い方です。最近頻繁に聞くようになりましたし、

「このたび私たちは入籍させていただきました」

のように、相手は何も関与していないのに使われるものも少なくありません。この言い方をめぐって、この１００年ぐらいの日本語で調べてみると、面白いことがわかります。

〝やりもらい〟の授受動詞には、受ける側から言う言葉として「クレル」と「モラウ」があって、それぞれに非敬語形と敬語形がありますから、全部で４つの形があります。

それらに「サセテ…」を付けた形を、数十年離れた２つのコーパス（大きな言語資料体）で比較検討した調査によると、非敬語形では「サセテクレル」が増えたのに対し、敬語形では「サセテクダサル」が減った一方、「サセテイタダク」が増えたことがわかりました。[*1] 勢いを増した形が、非敬語ではクレル系なのに敬語ではモラウ系だったという現象は不思議とも見えます。

ポイントは、クレルとモラウの違いです。文例を見ながら説明してみましょう。

図4●クレルとモラウの使用頻度の変化

a「財布を落として困っているときにお金を貸してクレて、とても助かりました」

b「財布を落として困っているときにお金を貸してモラって、とても助かりました」

どちらも同じように使えますが、クレルのとモラウのはそれぞれ誰か？　と考えてみると違いがわかります。各々の主語ということになりますが、クレルの主語はこの人にお金を与えた人です。それに対して、モラウの主語はこの文を言っているこの人自身です。

日本語では主語を言わないことも多いですが、仮に言っていなくても、たとえばaの文を言えば、「(あなたが) クレて」のようにお金の与え手に言及していることになります。これがbだと、「モラウ」のはあくまで「私」などですから、自分のことを言っているだけです。

じつはこの違いが効いてきます。言及するとは言葉でその人に触れることとも言えるので、aのクレル系では必ず主語である他者に触れざるを得ないのに対して、bのモラウ系では他者に触れずにすむという違いがあることになります。

ここで、先ほど「遠い言葉」と「近い言葉」についてお話ししたことを思い出してください。敬語は遠い言葉、タメ語は近い言葉でした。遠い言葉でありたい敬語形では、なるべく相手に触れずにいる方が安全です。一方、非敬語形ではその必要がなく、むしろ相手に触れるくらいで丁度の距離感となります。

非敬語形でクレル系、敬語形でモラウ系が増えていたという結果は、このことと見事に合致していますね。というわけで、非敬語ではより近い言葉へ、敬語ではより遠い言葉へ、というのが現在の日本語におけるポライトネス意識だと言えそうです。

日本人は面倒くさい言葉が好き

では、遠い言葉であれば丁寧でよいとして受け入れられるのでしょうか？　そうではないということが、別の調査からも明らかになっています。先ほどの「このたび私たちは入籍させていただきました」という例のような、相手の関与がない用法になるほど人々の違和感が強い、という結果が出ています。また、「よろしいですか？」のような許可求めを含んだ言い方の方が好印象だとの調査結果もあります[*1]。

　つまり、ただ遠ざかっておけばいいわけではなく、相手との関わり合いも表したい（聞き手からすれば、表してほしい）という意識です。「させていただいてもよろしいですか？」という形は面妖ですが、「よろしいですか？」という許可求めを加えることで、相手とのつながりを表している形であることがわかります。つまり、これまた〝遠近両用〟の言葉なのでした。

　なんとめんどくさい世の中よ！　とも言いたくなります。しかし、日本語は、この種の面倒くささがどうも好きなようなのです。ちょうどいい距離感＝敬意の度合いを求める日本人の旅は、どうやら終着駅がなさそうです。

＊1―椎名美智（2021）『「させていただく」の語用論―人はなぜ使いたくなるのか―』ひつじ書房

電話に出るとき「佐藤です」ではなく「佐藤ですが」とか「佐藤ですけど」のようにも言うのはなぜですか

回答＝宮内佐夜香

「けど」の役割は「逆接」と「話題提示」

「が」「けど」（「けれど」「けれども」等を含む。以下「けど」で代表させます）は日本語の文法の中で一般に「接続助詞」とされるものです。たとえば、つぎの（1）のように使われます。

（1）４月になったけど雪が降った。

このとき「けど」は、「４月は春で、暖かくなるものだから、雪は降らない」と思っていたのに反して「雪が降った」というような、前の内容からの予測と異なる内容を後ろにつなげる、「逆接」と呼ばれる働きをしています。ではつぎの（2）のような例はどうで

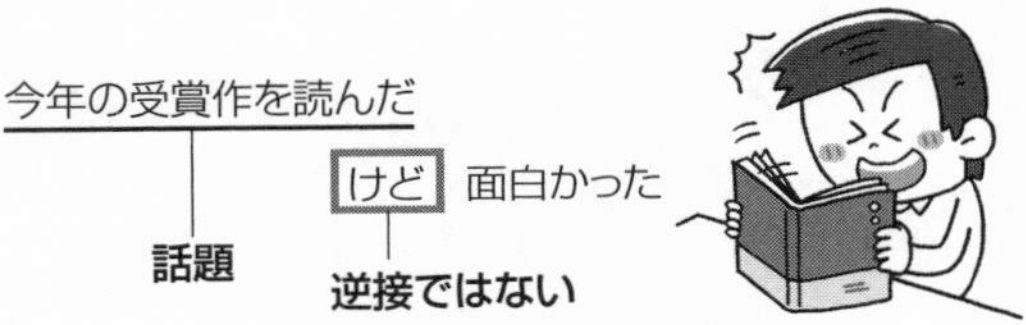

しょうか。

（２）今年の受賞作を読んだけど、すごく面白かったよ。

この場合、前と後ろの内容は逆接の関係ではありません。このとき「けど」は、前に示した内容についての説明を後に続けて述べる、「話題提示」の働きをしています。このような用いられ方もごく普通に見られるもので、「けど」は接続助詞として複数の働きを持っていることが分かります。

「あとは察して」というニュアンス

さて、接続助詞という名前で呼んでいます

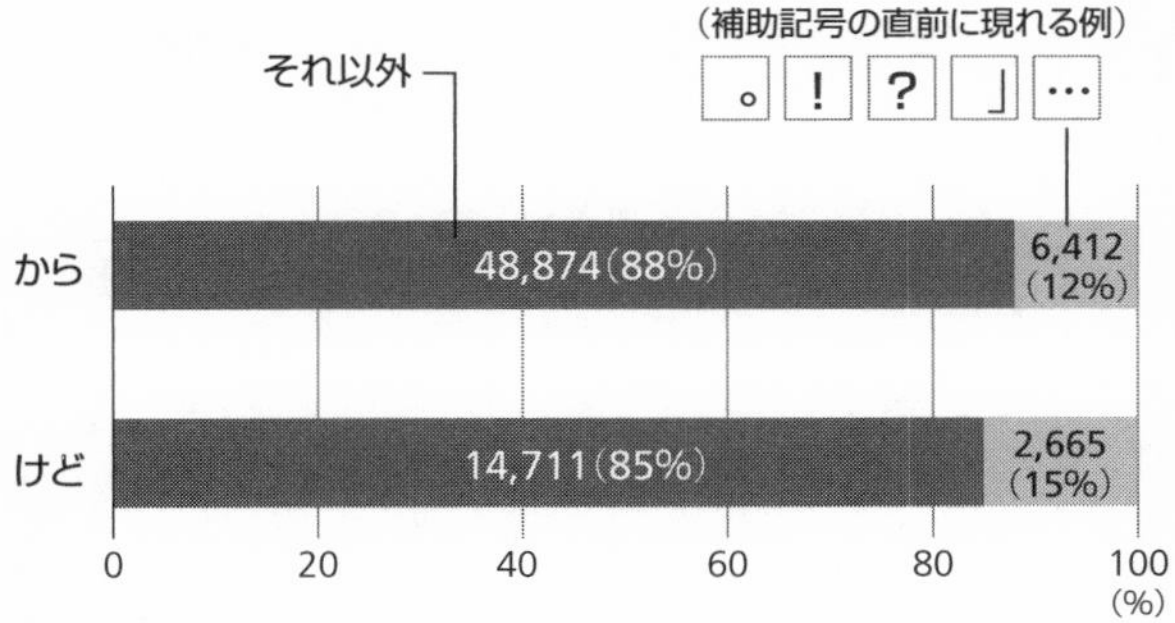

図●接続助詞の文の中の位置

が、これは文末にも用いられます。「けど」だけではなくほかの接続助詞「から」や「ので」なども同様です。

国立国語研究所が作った、日本語のさまざまな書き言葉が収録された『現代日本語書き言葉均衡コーパス』[*1]というデータベースがあります。これに収録された書籍や新聞、雑誌といった出版物（規模は全部で約3400万語）で、接続助詞の「けど」と「から」が何例用いられているのか、そのうち〈。！？」…〉といった文末に用いられる補助記号の直前に現れる例はいくつあるのかを調べて、グラフに示してみました。

これを見ると、もちろん文の途中で用いられる場合のほうがずっと多いのですが、15%

程度の一定数、文末を示す補助記号の前で用いられていることが分かります。
「けど」が文末に用いられるコーパス内の例の一部を示すと、つぎのようなものがあります。

（3）「セーフティーバントとか、いろいろやってはみたんだけど…」と、西武・伊東監督は完全にお手上げだった。

（毎日新聞　朝刊、２００４年7月28日）

（4）「浩子さん、いらっしゃいますか？」「浩子さん？」「長谷川浩子さんですけど」「ああ、あの方なら、昨日、引っ越していかれましたよ」

（西村京太郎「あずさ3号殺人事件」『全席死定』山前譲編、徳間書店、２００４年）

これらはおおむね接続助詞の働きを反映しています。（3）は「いろいろやってみたけど【成果はなかった】」という逆接の内容が省略されていると解釈できますし、（4）は話題にしたい人名を示し、「長谷川浩子さんですけど【知りませんか？】」などのように、相手から情報を聞こうとしているように思われます。

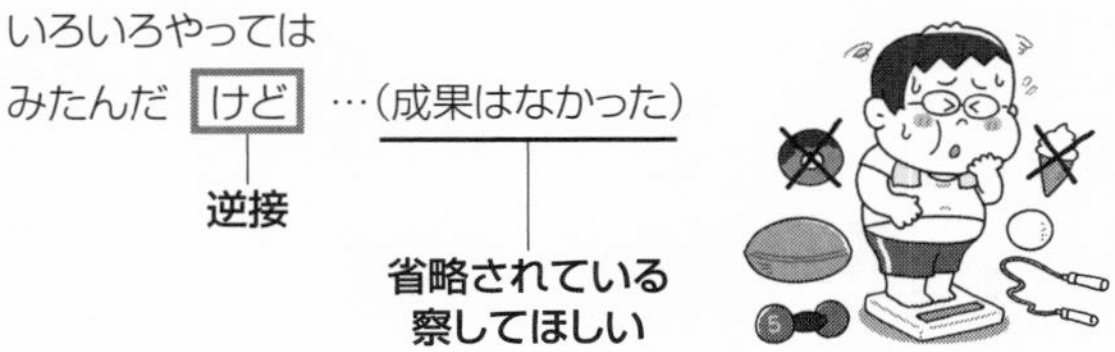

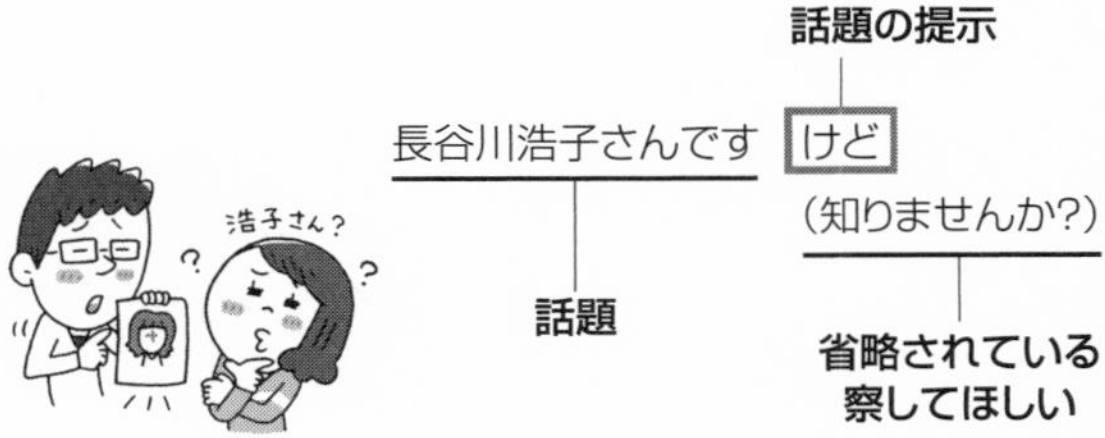

ただし、【　】の部分はまったく言葉に示されていませんので、接続助詞で文が終わる場合、そのあとに続くだろう内容は聞き手や読み手が会話や文章の流れから酌み取ることになります。いわゆる「言外に伝える」、はっきりと言わずに相手に察してもらうという行為はコミュニケーションの上で頻繁に現れるものです。

相手の次の言葉を促すことができる

質問の「佐藤ですけど」に戻って考えてみましょう。

これは（4）と同様の用法で、話題提示に類する働きのある「けど」です。ここに省略されている内容があるとしたら、「そちらはどなたですか？」「ご用件は何でしょうか？」というようなものが想像できます。実際にこのような電話の受け答えの場合、かけた側がこのあと名乗ったり、用件を説明したり、という内容が続いていくことになります。

話題提示というもともとの働きに関連して、「〜です」と言い切る言い方をしないで、「けど」で終わる言い方をするほうが、受け答えを相手に促す意識が感じられます。インタビューなどでも、よく見られる表現です。

（５）―それと最後の「ここは見ないで下さい」というタイトル、気になるところですけど。

　後藤　そのまんまです。ここは見ないで下さい。

（『お笑いTYPHOON! JAPAN vol.10』エンターブレイン、２００４年）

（５）もコーパスからの例ですが、ここでは興味のある箇所を示してインタビュー相手から話を聞き出す流れの中で、「けど」が文末に使われています。

以上のような会話での用いられ方から見ると、これらの「けど」は、省略されている内容が何なのかを重視するより、ある話題を示して、会話をそのままつなげていこうとする意識や、相手の受け答えを促す意識を示す働きをしている、という特徴に注目したほうが良いようです（こうなると文法的には、文末に用いられる「終助詞」とするのが適切でしょう）[*2]。

電話の受け答えで「佐藤ですけど」のように言う場合、「けど」という文末表現は、このような働きをしているものと考えられます。

＊1―国立国語研究所『現代日本語書き言葉均衡コーパス』(https://ccd.ninjal.ac.jp/bccwj/)

＊2―このような表現の仕組みについては、白川博之『「言いさし文」の研究』（くろしお出版、２００９）でより専門的に論じられています。

家族や赤ちゃんのことを話すときに尊敬語を使うのは間違った言い方なのでしょうか

回答＝井上文子

共通語の敬語のルール「身内を高めてはいけない」

共通語では、自分の家族の行動を他人に対して話す場合に、尊敬語を用いずにへりくだらせるという敬語のルールがあります。例えば、子供が父親について他人に述べるときに、

　おとうさんはもうすぐお帰りになります。

のように尊敬語を用いることは不適切で、

　父はもうすぐ帰ります。

のように尊敬語を用いないのが適切な表現だとされています。

このように、たとえ目上であっても、身内のことを他人に述べる場合には、その人のことを高めてはいけない、というのが、現代日本語の共通語の敬語運用規則です。

ところが、他人に身内のことを話す場合にも尊敬語を用いる地域が多くあります。例えば、関西では、軽い尊敬を表す「ハル」を使って、

おとうさんはもうすぐ帰らはります。／帰りはります。

のように、また、山口などでは尊敬の「テジャ」「チャッタ」を使って、

おとうさんが言《ゆ》うてじゃ。／おとうさんが言《ゆ》うちゃった。

のように言います。

このような、共通語にはない敬語法の身内尊敬用法は、沖縄・鹿児島から愛知・岐阜・長野、日本海側では新潟あたりまで、主に西日本に広く分布しています。

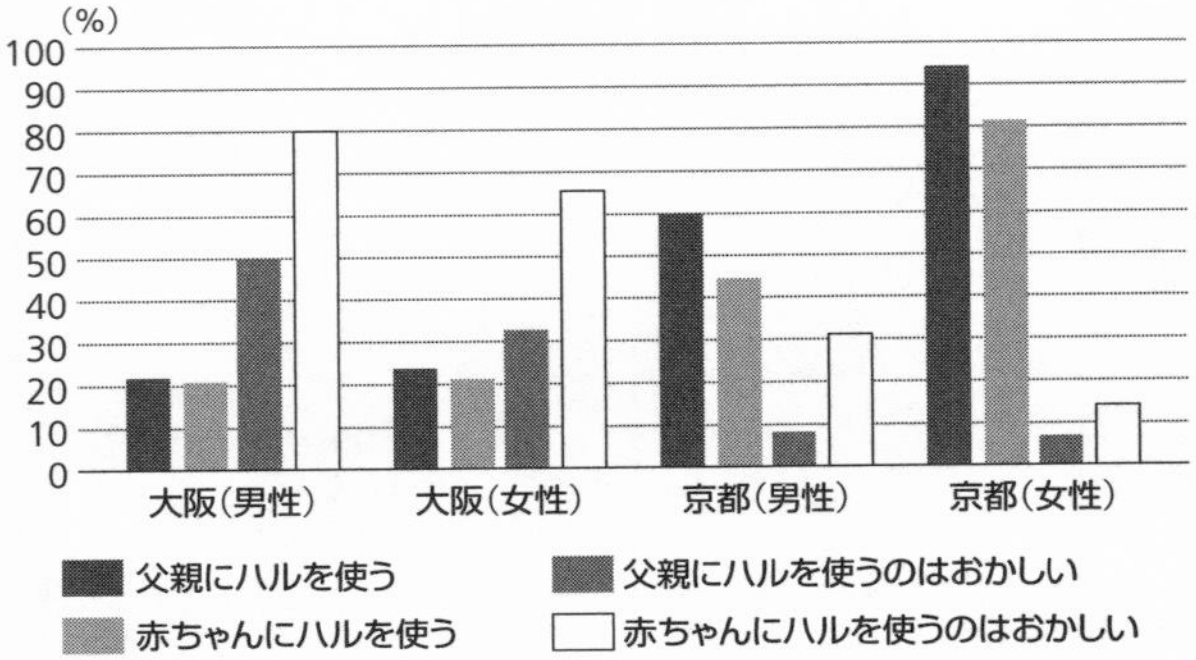

図●「父親」「赤ちゃん」に「ハル」を使いますか？「父親」「赤ちゃん」に「ハル」を使うのはおかしいですか？

出典：岸江信介「京阪方言における親愛表現構造の枠組み」より作図

ただし、近畿の大都市の若い世代では、共通語の影響を受けて、身内尊敬用法を使用しなかったり、この用法自体を知らなかったりする人も増えてきているようです。

敬語使用ルールは地域によって違う

身内のことに同じように「ハル」を使う地域でも、京都と大阪ではその運用や意味に差があることを示す調査結果があります（図）。父親や赤ちゃんの行動について「ハル」を使う人は、大阪よりも京都の方がかなり多くなっています。また、京都の女性は男性よりも「ハル」を多く使う傾向にあるようです。

さらに京都では、子供が友達の意地悪をう

ったえて、

けんちゃん、いけずしはんねん（意地悪をするんだ）。たたいてきはんねん（たたいてくるんだ）。

と言ったり、親が自分の子供のことを

この子、よー泣かはりまっしゃろ（泣くでしょう）。

と言ったりすることがあります。また、

雨、よー降らはりますなあ（降りますねえ）。

のように、天気や、時には動物の行動など、ふつう敬語を使わないものにまで「ハル」をつけるという特徴があります。

敬語の使い方について、共通語と方言は違ったルールを持っています。また、方言によってもルールは異なっています。その地域にはその地域方言独自の体系、運用の仕組みがあります。共通語とは使い方が異なっていても、それぞれの地域方言では、それが「正しい」使い方だと考えることができるでしょう。

＊岸江信介（1998）「京阪方言における親愛表現構造の枠組み」『日本語科学 3』国書刊行会
＊辻加代子（2009）『「ハル」敬語考 京都語の社会言語史』ひつじ書房
＊山口理（2012）『敬語・方言・位相語 きみの日本語、だいじょうぶ？』偕成社

南米から来た人を「地球の裏側からのお客様です」と紹介したら、配慮を欠いた表現だと指摘されましたが、なぜでしょうか

回答＝山崎誠

「地球の裏側」と「月の裏側」の違い

「裏」という語には、「裏取引」「裏番組」「裏ルート」などの例でも分かるように、「隠れた」「目立たない」「正式でない」などマイナスのイメージを伴う場合があります。

しかし、そのことだけが直接の理由で配慮を欠いた表現になると考えるのは早計です。なぜなら、「裏側」という語自体は、「月の裏側の写真」「ひざの裏側が痛む」などのように、物理的な位置関係を表している場合には、マイナスの印象は感じられないからです。

したがって、語の持つイメージよりもむしろ、どういう文脈で「裏側」を使っているかということに着目すべきでしょう。

「地球の裏側」は、「月の裏側」と同じく物理的な位置関係を表していると考えれば、中

立的な表現であり、何ら問題はないはずです。しかし、文脈における意味を理解するためには、次のような違いにも注意する必要があります。

（1）月はいつも地球に対して同じ面を向けているので、地球から見た場合、表側と裏側が固定されている。それに対して、地球はどこが表側でどこが裏側ということが固定していない。

（2）月には人間が住んでいないが、地球には人間が住んでいて、民族や国家が形成されているため、地域とそこに住む人間とが結びついてとらえられがちである。

これらを踏まえると、問題の文脈における「地球の裏側」は、自分たちのいる場所すなわち日本が「表側」であり、南米が「裏側」であるという関係になっていることが分かります。

逆に、南米から見れば、南米が「表側」で、日本が「裏側」になりますから、両者の関係は全く相対的なのです。にもかかわらず、日本を中心に据えた一方的な表現をしたために、価値判断につながるような差を感じさせてしまっているところに問題があり、「配慮を欠いた」という指摘につながるのです。

「裏」にはマイナスのイメージがあることに注意

布地や紙幣などのように、物理的に表と裏が決まっているものについて「裏」と言った場合は、価値判断を伴わない中立的な表現になります。

しかし、表と裏の関係が相対的にしか決まらない物事について「裏」（あるいはそれと対になる「表」も含む）を使って表現した場合、「裏」の持つマイナスのイメージと共に解釈され、両者の間に優劣の差があるかのような印象が生じる恐れがあります。

特に、人や地域などに関しては、その違いを導入することが妥当であるかどうか十分な吟味が必要です。一例ですが、新聞等で、「表日本」「裏日本」をそれぞれ「太平洋側」「日本海側」と言い換えるようになったことも参考になるでしょう。[*1] 質問の例のような場合は、「地球の反対側」とすれば、中立的な表現になります。

「地球の裏側」のような事例を考える際に重要なのは、ものを見たり考えたりするときの基準をどこに置いているかを確かめることです。

だれしも自分を基準にして物事を考え、表現しがちですが、文脈によってはそれが適切でない場合があります。相手の立場から見たら、この表現はどう感じられるか、という配慮が必要です。

相手の立場に立つためには、相手がどのような状況にあるのか、どのような考えを持っているのかなど想像力を働かせなければなりません。円滑なコミュニケーションは相手への配慮の上に成り立つと言えましょう。

＊1—毎日新聞校閲部編（1999）『新聞に見る日本語の大疑問』東京書籍

第3章 世界のことばと日本のことば

海外にもキラキラネームはありますか。漢字のない国ではどうキラキラさせるのでしょうか

回答＝大島 一

キラキラネームとは何か

質問に「漢字のない国ではどうするのか？」とあるように、漢字の存在が「キラキラネーム」にとって必要であることに気づいているようですね。まさにそのとおりです。

では、漢字を使うことでどうして「キラキラ」するのでしょうか。カナ（ひらがな・カタカナ）だけではキラキラしません。漢字とカナは同じ「文字」の一種ですが、漢字にはカナにはない〝意味〟があります（表意文字）。キラキラネームはこの意味を取り出して、その読みからは想像できないようなものを表現しています。

たとえば、「黄熊」はふつうに読めば「きぐま」ですが、これをキラキラネームでは「ぷぅ」と読むそうです。かわいい子グマが出てくる有名なアニメのキャラクターの名前の当て字ですね。他にも、「星凜」は「せいりん」ではなく、「きらり」と読むそうです。

まさにキラキラしています。

　このように、「通常ではそう読まない読みや当て字」のことを広くふくめて「キラキラネーム」と呼んでいます。通常ではそう読まないということから、「一般常識から離れた名付け」としても認識されているようです。

漢字のない海外のキラキラネーム

　たとえば、身近な英語を見てみましょう。英語の文字はアルファベット、ＡＢＣです。日本語のカナと同じく、アルファベット一つ一つにも意味はありません。音を表わす文字です（表音文字）。ですから、既に説明したような日本語での漢字を使ったキラキラネームのようなことは理屈の上では不可能です。

　ではキラキラネームはないかというと、イギリスとアメリカで〝特徴ある〟名前の調査を行った情報サイトによると、英語でも Jo king で joking「ジョーク」、Stu pitt で stupid「馬鹿者」など、音を使った遊びみたいな名前があるようです。Sue Shi で Sushi「寿司」、Carrie Oakey で「カラオケ」を意味するものも見られます。[*1]

　漢字と違って、それ自体に意味がない文字を使う国では、こうして音だけで風変わりな名前を表わすしかありません。これが英語（および表音文字をもつ他言語）におけるキラキラネームと言えます。いずれにせよ、ここでも「一般常識から離れている」ということが特徴の一つと言うことができるでしょう。

公的機関による〈ふさわしい命名リスト〉がある国

私が研究しているハンガリー語はヨーロッパの真ん中にある国ハンガリーで話されている言語ですが、この国には新生児に名前を付ける際に「ふさわしい命名リスト」[*2]があります。国民は基本的にこのリストの中から自分の子どもの名前を選びます。リストに載っていない名前を付けたい場合には、リストを作成したハンガリー科学アカデミー言語学研究所に申し立てをしないといけません。

ここでも、ハンガリーの一般常識とかけ離れている名前と判断されると申請が却下されます。そうした認められなかった名前は毎月公開されています。

このようなものは、大部分はまったく意味をなさず、単純に音の響きが良かったから(Lien「リエン」、Nuca「ヌツァ」など)、外国の有名人の名前をそのまま付けてみた

(Jenifer「ジェニファー」、Krisz「クリス」など)、そうしたものが多いのですが、中にはFelhő（フェルフェー「雲」）やHattyú（ハッチュー「白鳥」）といった意味のあるものもあります。こうしたものも、ハンガリーの一般常識からかけ離れているものとして認められなかったと言えるでしょう。

ハンガリーにおける命名で興味深い例があります。男の子に付けようとしたAndrea「アンドレア」は、その申請が却下されていました（２０１７年7月、ハンガリー政府公表）。ハンガリーではAndrea「アンドレア」は女性名だからです。しかし、国によっては、たとえば、イタリアではAndrea「アンドレア」は男性名です。[*3] イタリア人と結婚したハンガリー人は悩ましいことでしょう。

また、父親がスリランカ人で母親がハンガリー人の知り合いの女性は、生まれた子にスリランカ風の名前を付けたいと思い、ハンガリー科学アカデミー言語学研究所に申請したのですが、やはり認められませんでした。

現代は、このように、その国、言語が要請する従来の「一般常識」とは異なる視点をもった人々が存在する、多民族文化・社会が広がっています。今後は多文化社会におけるキラキラネームというものが増えていくのかもしれません。

＊1―伊東ひとみ（2015）『キラキラネームの大研究』p.165、新潮新書
＊2―http://www.nytud.mta.hu/oszt/nyelvmuvelo/utonevek/index.html（ハンガリー語）
＊3―岩波書店辞典編集部編（2016）『世界の名前』p.133、岩波新書

日本語は難しい言語ですか

回答＝バックハウス ペート

日本語の「音声」「文法」は簡単

〝日本語は難しい〟とよく言われますが、はたして本当にそうでしょうか。質問そのものも難しいのですが、問題を整理するためにはまず、井上[*1]が提唱するように、相対的な難しさと絶対的な難しさに区別しましょう。

相対的な難しさは、学習者の母語に左右されるものであり、例えば日本語に似ている韓国語やトルコ語が母語である人にとっては、日本語もわりと学びやすい言語になっているはずです。一方、母語が日本語と根本的に違う構造を持つ言語（例えばアラビア語や英語）の場合、日本語を身に付けるにはかなり苦労するでしょう。

後者の、絶対的な難しさは、学習者の母語とは関係なく、より客観的に評価するものです。しかし、一つの基準で測定するのではなく、「音声」「文法」「語彙《ごい》」「表記」と、少なくとも4つのレベルを個別に見なければ把握できません。

まず「音声」について言うと、日本語はむしろ簡単な言語です。他の言語と比べて、子音と母音の数、また特にその組み合わせは、かなり限られています。逆の観点から言えば、日本人が外国語を学ぶ時、特に発音に苦労することが少なくないようですが、それは母語の〝簡単すぎる〟音韻体系が原因の一つです。

「文法」についても、日本語はさほど難しい言語とは言えません。それは単純に、文と語の組み立てにどれだけ必要最低限のルールがあるかを数えることで確認できます。

例えば、「象は鼻が長い」という文をドイツ語の「Elefanten haben einen langen Rüssel」と比べると、ドイツ語では名詞と形容詞の数・性・格、定・不定冠詞の有無、動詞の活用など数多くのルールを常に意識しなければ、(正しい)文は作れません。

日本語ももちろん、助詞の選択、動詞・形容詞の活用などのルールはありますが、全体の数はドイツ語よりも確実に少なく、さらに複雑な文法を持つロシア語やフィンランド語などの言語とは、比べ物にならないくらいです。

「語彙」「表記」は複雑で難しい

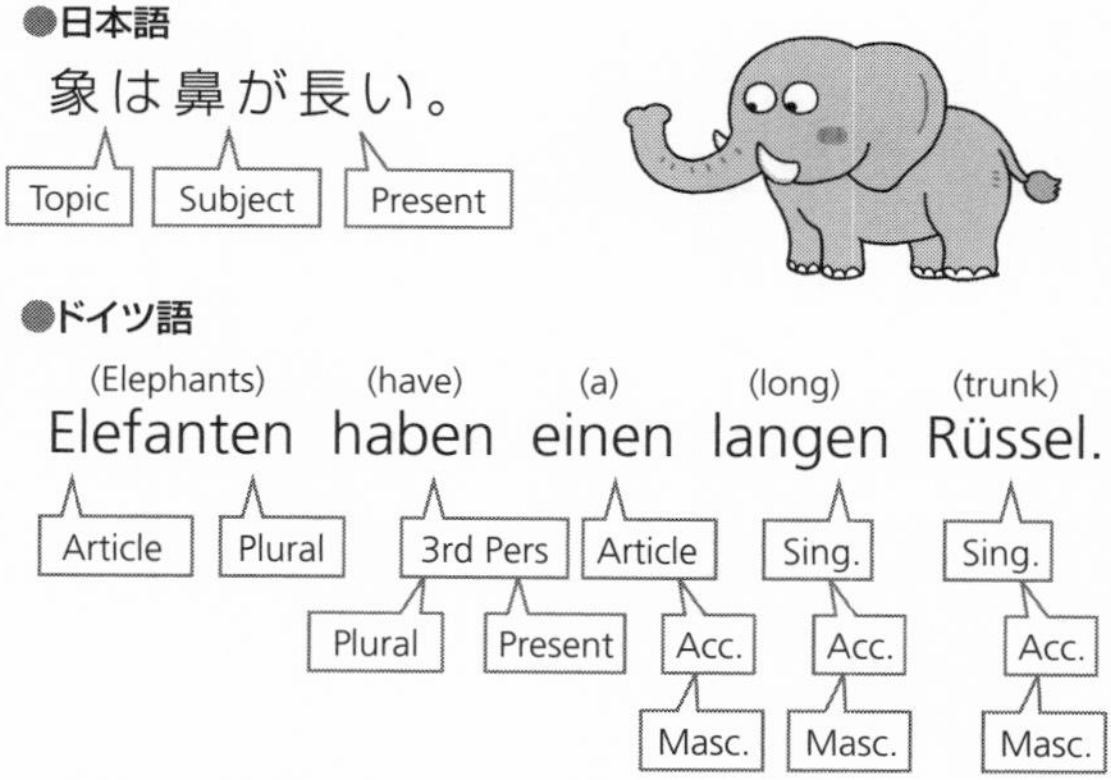

図●文を組み立てる際の、最低限のルール

「語彙」となると、少し話が変わります。日本語には「速さ」「速度」「スピード」のように、和語・漢語・外来語という3つの語彙層が共存し、その扱う範囲もかなり広くなっています。

西洋の諸言語も、例えば英語のように「freedom」（ゲルマン系）、「liberty」（ラテン系）、「autonomy」（ギリシャ系）という3つの語彙層はあるのですが、日本語の語彙をめぐる複雑さはそれに決して負けないものです。それに加えて、日本語特有のオノマトペ表現が数多くあり、語彙を非常に豊かなものにしています。

しかし、日本語において最も難しいのは、間違いなく「表記」です。世界でも珍しいことに、日本語にはひらがな、カタカナ、漢字、それに現在はローマ字も加えて、４つの表記が使われています。母語話者と非母語話者とを問わず、日本語の表記を身に付けるのは誰にとっても長い時間を要することです。書く・読むためには、漢字を入れて何千字も知らなければなりません。

その上、４種類の表記を常に適切に選択する必要があります。「マチガエタラ tottemo へんナぶん二成り masu」し、また「コーヒー」「Coffee」「珈琲」「こーひー」のように、表記によって微妙に違うニュアンスが伝わってきます。その全体を見て、日本語の表記は世界でも有数の難しい表記の一つと言っても過言ではないでしょう。

難しい言語と易しい言語、どちらが〝頭の良い〟言語なのか

さて冒頭の問いに戻りますが、日本語は難しい言語かというと、上記を踏まえてそう簡単に yes/no で答えられる質問ではないことがわかると思います。相対的な難しさは、母語によるものであり、客観的に確定するのは不可能です。一方、絶対的な難しさには、「音声」「文法」「語彙」「表記」のレベル別に大きなギャップがあり、それを合算して他の言語と比べる方法は現時点では存在していません。[*2]

ちなみに、もし言語の難しさを客観的に測る方法があったとしたら、自分の母語の評価は、難しいと易しい、どちらに偏ってほしいと感じるでしょうか。確かに、「難しさのプレスティージュ[＊3]」があり、大変難しいと評価される言語を母語として使いこなせる人は、それだけ〝頭が良い〟ようにも思えます。しかしながら、逆に大した苦労もせず言いたいことをきちんと言える言語の方が、優れているとも言えそうです。

個人的な意見ですが、例えば文法の面で言うと、ドイツ語を母語としている筆者は、そもそもなぜドイツ語には名詞と形容詞の性や格、動詞の人称などが必要なのかと、日本語を学んで初めて疑問に思うようになりました。日本語は「象は鼻が長い」のように、シンプル、エレガント、無駄のないパターンで文が作れるからこそ、〝頭の良い〟言語と言えるのではないでしょうか。

＊1―井上史雄（２０００）『日本語の値段』p.110、大修館書店

＊2―Deutscher, Guy (2010) *Through the Language Glass: Why the World Looks Different in Other Languages*. Ch.5, Metropolitan Books.

＊3―Maher, John C. (2021) *Metroethnicity, Naming and Mocknolect: New Horizons in Japanese Sociolinguistics*. p.166, John Benjamins.

tsunami（津波）のように、日本語がそのまま外国語で使われている例にはどんなものがありますか

回答＝新野直哉

他の言語に取り入れられた「外行語」

他の言語から日本語に取り入れられた「外来語」とは逆に、tsunamiのように日本語から他の言語に取り入れられた語のことを、「外行語」（「外往語」とも）と呼びます。

ここでは英語の場合を見ていきましょう。大規模な辞典として知られる『オックスフォード英語辞典』第２版（１９８９年）には、３７８の日本語が収められています。それぞれの項目には西洋文献での実例が挙がっており、その最も古いものがいつの時代かを見ていきます。もちろん、西洋文献に初めて見られたその時点で外行語になっていたとは言い切れないわけで、一つの目安ということになります。

まず江戸時代まで（〜１８６８年）では、bonze（坊主）・hara-kiri（腹切り）・inro（印籠）・katana（刀）・samurai（侍）といった語が見られます。多くは西洋人から見て、

adzuki（小豆）
bonze（坊主）
hara-kiri（腹切り）
inro（印籠）
katana（刀）
kaki（柿）
kiri（桐）

koi（鯉）
matsu（松）
matsuri（祭り）
miso（味噌）
mousmee（娘）
sake（酒）
samurai（侍）
sen（銭）

shoyu（醤油）
tatami（畳）
urushi（漆）
yashiki（屋敷）
yukata（浴衣）

表●江戸時代まで（〜1868年）に外行語となった言葉
西洋人から見て、珍しくて興味を引かれるような事物や現象に関するもの。

「異国情緒」があり興味を引かれるような事物や現象に関するものです。このうち最も古い実例はbonzeで、あのフランシスコ・ザビエルの１５５２年の書簡から引用されています（以上、＊１・２）。

明治・大正・昭和前期（〜１９４５年）になると、日本と西洋との交流が進むにつれ多くの語が西洋文献で使われるようになります。judo（柔道）・kabuki（歌舞伎）・kendo（剣道）・maiko（舞妓）・miai（見合い）・nakodo（仲人）・sushi（寿司）・tsukemono（漬物）・zaibatsu（財閥）などです。

tsunami（津波）もこの時期で、１８９７年の文献に初めて見られます。そして、この

geisha（芸者）
hanami（花見）
janken（じゃんけん）
judo（柔道）
kabuki（歌舞伎）
kendo（剣道）
ki-mon（鬼門）

maiko（舞妓）
miai（見合い）
nakodo（仲人）
nori（海苔）
onsen（温泉）
romaji（ローマ字）
sensei（先生）
sushi（寿司）

tsukemono（漬物）
udon（うどん）
zaibatsu（財閥）

表●明治・大正・昭和前期（〜1945年）に外行語となった言葉
日本と西洋との交流が進むにつれ、多くの語が西洋文献で使われるようになった。

語が英語に定着するきっかけとなったのは、１９４６年４月にハワイを大津波が襲って日系人の多く住む地域も大きな被害を受け、その時彼らの使っていたtsunamiという語が当地の新聞に登場したことだった、と言われています。この語はロシア語など他の言語でも使われています（以上、＊１・３）。

オイルショックの「shokku」は英語に逆輸入された

昭和後期（１９４５年〜）になると、kogai（公害）・zaikai（財界）・zengakuren（全学連）などの時事用語が見られます。一方、もっと早い時期に見られていてもよさそうな語としては、kokeshi（こけし）・ryokan（旅

kogai（公害）	ryokan（旅館）
itai-itai（イタイイタイ病）	sumotori（相撲取り）
zaikai（財界）	shabu-shabu（しゃぶしゃぶ）
zengakuren（全学連）	teppan-yaki（鉄板焼き）
kokeshi（こけし）	yakitori（焼き鳥）

表●昭和後期（1945年〜）に外行語となった言葉
時事用語も多く見られる。

館）・sumotori（相撲取り）などがあります。時期を問わず目立つ料理関係の語では、shabu-shabu（しゃぶしゃぶ）・teppan-yaki（鉄板焼き）・yakitori（焼き鳥）などがあります。

このほか、karate は名詞「空手」に加え、「空手を使う」という意味の動詞としても用いられています。また興味深いのは shokku（ショック）です。これは shock という英語が日本語に外来語「ショック」として定着し、それが英語に逆輸入されたということになります。ただこの shokku は、「ニクソンショック」「オイルショック」のような政治・経済に関する事件について、ある種の皮肉やジョークのニュアンスで使われます（以上、＊1）。

なお、この辞典には出ていませんが、ramen（ラーメン）・manga（マンガ）・karaoke（カラオケ）といった現代日本の日常生活に欠かせないものを表す語も、今では英語に取り入れられています（以上、＊３）。

＊１—福田陸太郎監修、東京成徳英語研究会編著（２００４）『ＯＥＤの日本語３７８』論創社
＊２—石綿敏雄（２００５）「江戸時代までの外行語」『国文学　解釈と鑑賞』第70巻第1号、至文堂
＊３—加藤秀俊・熊倉功夫編（１９９９）『外国語になった日本語の事典』岩波書店

カナダでfutonと呼ばれるものが日本語の「布団」と全然違うのはなぜですか

回答＝平山真奈美

futonはソファーに見えるがソファーではない？

カナダ人が使っているfutonという語は、日本語の「布団」が語源で（Oxford English Dictionaryによる）、英語における日本語からの借用語です。このように日本語から他の言語へ流出した語は他にもたくさんあり、例えば英語のtsunamiが一例ですが、tsunamiは日本語の「津波」とほぼ同じ意味で使われています。でもfutonの場合は、英語に入ってからかなり独り歩きしたようです。

（この項では、英語の文脈で使われている方の語をfuton、対して日本語の文脈で使われている方は「布団」と表記することにします）

図1に写っているのがfutonです。確かにこれは日本語の「布団」と少し（どころではなくてかなり）違いますね。ここに写っているものを日本語では「布団」とはまず呼ばな

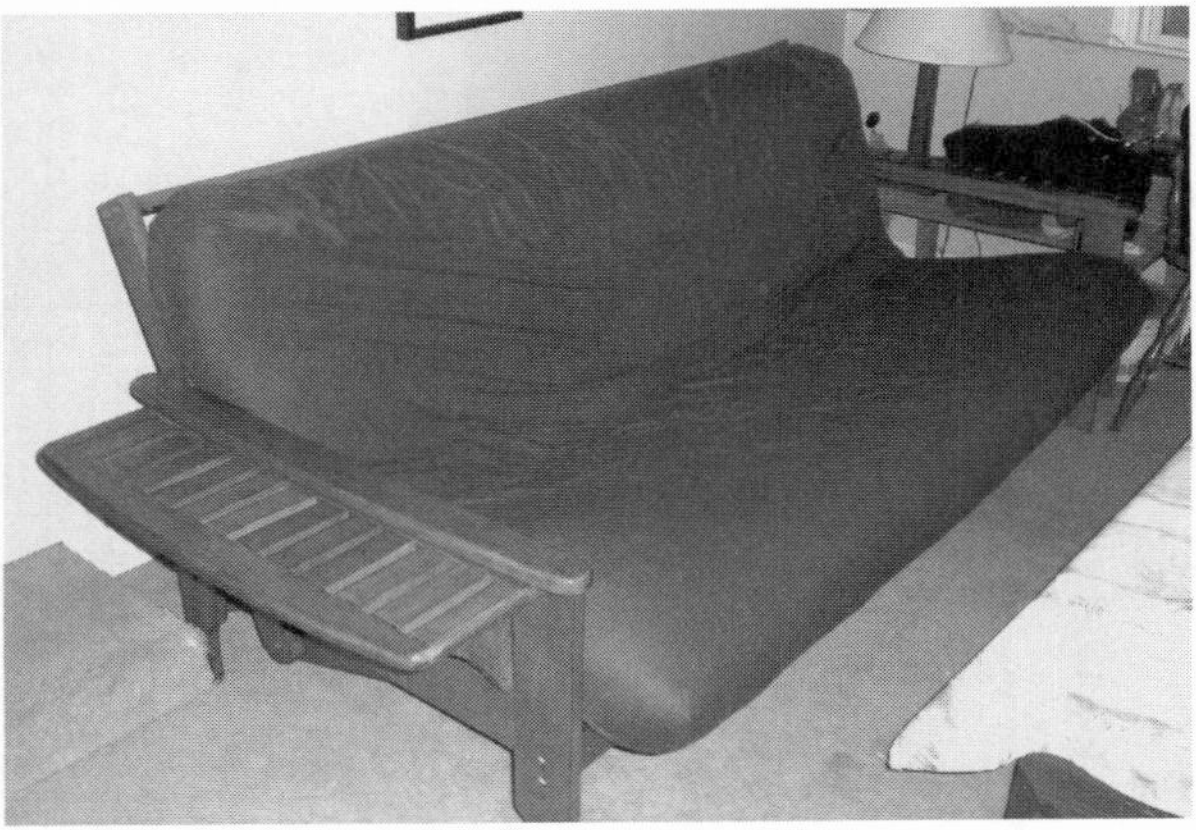

図1●カナダのfuton

いでしょう。「ソファー」でしょうか。どうしてこれがfutonなのでしょう。

まずfutonが何なのかを説明します。実は、日本語でいう「ソファー」が全てfutonと呼ばれるわけではないようです。英語のfutonが指すものは、（木の）フレームがあって、背もたれと座る部分を平たくするとそこがマットレスとなってベッドとして使えるタイプのものです。マットレスの部分のみならず、フレームも含めてfutonと呼びます。英語の辞書におけるfutonの定義を載せます（筆者訳）。

"a piece of furniture which consists of a thin mattress on a low wooden frame which can be used as a bed or folded up to make a chair"

「薄いマットレスが背の低い木製のフレームに載っていて、ベッドとして使える、あるいは折って腰掛けられる家具」

(*Collins Cobuild Advanced Learner's English Dictionary*, 5th ed.)

"❶ a Japanese quilted mattress rolled out on the floor for use as a bed.
❷ a type of low wooden sofa bed having such a mattress"

「❶日本で使われる、床に広げて寝具として用いられる縫製されたマットレス。
❷そのようなマットレスとともに使う、背の低い木製のソファーベッドの一種」

(*The Canadian Oxford Dictionary*)

カナダ人の友達に聞いたら、futonと似たようなものにpull-out couchというものがあり、これは普段はソファーだが（カナダ英語では「ソファー」のことをcouchと呼ぶことが多いです）、ベッドの一部が中に入っていてそれを引き出してベッドとして使うものだそうです（図2）。しかしこれはfutonとは呼ばないそうです。

図2 ● pull-out couch

発音は「ふ～うたーん」

次に日本語の「布団」から英語の futon への意味変化について、私なりの分析を述べてみます。

両者に重なる意味を考えてみると、マットレスの部分がたためる (folded up, rolled) というところではないでしょうか。日本語の「布団」は、寝具として使わないときは（万年床にしない限り）たたんで収納するでしょう。英語の futon には、この（マットレスが）「たためる」あるいは「折れる」、そして寝るときに使える、というあたりの意味が残ったのでしょう。常時形状を変えず置いてあるベッドと区別する語として使えます。

両者で重ならない部分としては、主な使用

目的でしょう。日本語の「布団」は寝具で、ソファーとして使われることはまずありません。このため、英語の futon を見ると、日本語話者にとっては「布団」とはかけはなれていると認識されるのではないでしょうか。

さらに、日本語の「布団」は敷布団のみならず掛布団を指したり、敷布団と掛布団をまとめた概念として使えたりもしますが、英語では敷布団の意味のみが生きているようです。

最後に、futon の発音が「布団」と少し違うことを付け加えておきましょう。どの言語でも、他の言語から借用するときには自分の言語の発音に合わせます。このために「布団」も英語になると英語風の発音で使われます。

まず、日本語の「布団」は、平らな感じのアクセントですが、(カナダ)英語の futon は、発音記号だと /fútɑn/ で、最初の音節 fu にアクセントがあり、そこが強く長く高く発音されるので「ふ〜ぅたーん」のような感じです。

そして、日本語の「布団」は、最初の「ふ」の u の部分が聞こえないことが多いと思いますが(専門用語で母音の無声化と呼ばれる現象です)、英語では、アクセントのある音節の母音ははっきり発音されるので、futon の u が聞こえなくなることはありません。それからカナダ英語では ton は「トン」ではなく「タン」のような発音です。

手話って世界共通ですか

回答＝米川明彦

ジェスチャーは意外に地域差が大きい

手話を知らない人たちが持つ誤解のなかでもっとも多いのが「手話は世界共通」という思い込みです。わたしが講義で「手話は世界共通ではありません」と話すと、「へえ驚いた」「共通じゃないんですか」という反応が返ってきます。以下に誤解を解いておきましょう。

手話の誤解のことをmyth（神話）と呼んだアメリカの手話研究者がいました。根拠なく信じ込まれているからです。わたしも以前、この誤解は手話をジェスチャーやパントマイムのように考えているところから生まれた「神話」と書きました。すなわち、ジェスチャーやパントマイムなら、どこの国でも通じるだろうという誤解です。

しかし、考えてみてください。ジェスチャーでも国によって意味するところは違います。たとえば、親指と人さし指で輪を作るジェスチャーはアメリカやヨーロッパ全域では「OK」の意ですが、ベルギー・フランス・チュニジアでは「ゼロ」「無料」の意、トルコ・ギリシャ・マルタでは「穴」の意があります。

一方、日本では伝統的に「お金」の意味です（近年は「OK」の意味でも使いますが）。日本の手話〈お金〉はこのジェスチャーを取り入れて少し振って表します。このことから日本の手話〈お金〉が「お金」を意味することが分かるのは少数の人たちで（戦前、日本が統治したため韓国や台湾の人たちには通じる）、世界にはあまり通じません。

では他の国の手話ではどうするかというと、親指と人さし指の指先をこすって紙幣を数えるしぐさが一般的です。そのほか、「お金」を表す手話は国によっていろいろあります。

日本の手話〈泥棒〉はメキシコでは「お金」の意

手話は地域的、文化的な違いがあって、世界共通ではありません。

たとえば、日本の手話〈男〉（親指を立てる）、〈女〉（小指を立てる）は日本人なら手話を知らなくても「男」「女」の意味だと分かります。なぜなら伝統的に親指を立てるジェスチャーは「男、旦那」を表し、小指を立てるジェスチャーは「女、愛人」を表してきたからです。

しかし、この手話は外国人には通じません。世界の多くの国では、親指を立てるジェスチャーは「良い」「ＯＫ」の意味です。

また小指を立てるジェスチャーは欧米では見られず、少数派ですが、シンガポールのジェスチャーでは「一番あと」の意、中国・香港のジェスチャーでは「悪い」の意、韓国のジェスチャーでは「つまらない」の意、タイのジェスチャーでは「友情」の意、インドのジェスチャーでは「トイレに行きたい」の意で使われることがあります。

では、各国の手話で「男」「女」はどう表すでしょうか。アメリカの手話ではハット（帽子）のつばで「男」、パキスタンの手話では鼻の下のひげで「男」を表します。

台湾の手話では耳にしたイヤリングで「女」、アメリカの手話では帽子のあごひもで「女」を表します。これは何を連想するかの違いで、それぞれの文化の違いを反映しています。

そのほか、日本の伝統的なジェスチャーで「泥棒」は人さし指をかぎ状に曲げて表します。これを日本の手話にも取り入れて「盗む」「泥棒」の意味で使います。しかし、人さし指をかぎ状に曲げる形は中国のジェスチャーでは「9」を意味し、またメキシコのジェスチャーでは「お金」を意味するので通じません。

このように、「お金」「男」「女」「泥棒」などを表す手話の元となるものはジェスチャーを含め、その国の伝統文化のなかにあるものです。そのため、国・地域・文化が違えば当然、手話も異なったものになります。言い方を換えれば、手話はその国の文化を色濃く反映しています。以上から、手話は世界共通ではありません。

手話には方言もある

さらに日本語に方言があり、地域によって違うように、手話も日本のなかでも地域によって違います。手話はかつて京都・大阪・東京の聾《ろう》学校およびその卒業生を中心に全国に広まった経緯から、40～50年ほど前まで地域差が大きく、通じないこともありました。

その後、全日本聾唖《ろうあ》連盟が「標準手話普及」のために出版した『わたしたちの手話』全10巻（1969年～86年）以来、全国に通じる手話が普及し始め、米川明彦監修・全日本

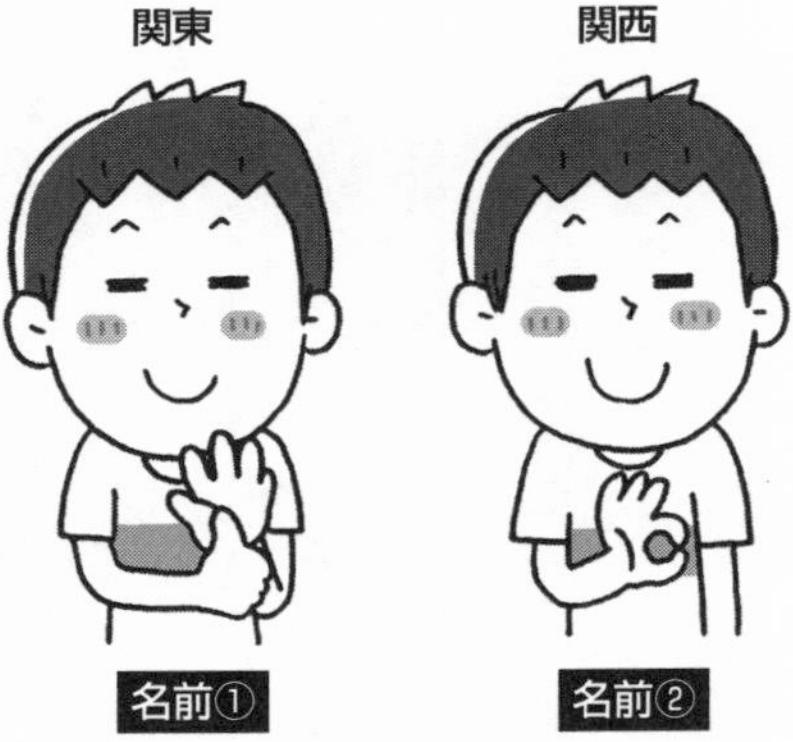

聾唖連盟日本手話研究所編『日本語―手話辞典』（1997年）やNHKの手話ニュース「聴力障害者の時間」、NHKのテレビ手話講座「みんなの手話」などによってかなり定着しました。

手話は地域によって違うと言っても「～方言」というくくりはそう簡単ではありません。「名前」を意味する手話は関東をはじめ多くの地域では上図の〈名前①〉（拇印を押すしぐさに由来）ですが、関西では〈名前②〉（胸のバッジに由来）が使われています。したがって〈名前②〉は関西方言手話と言えますが、他に具体的に辞書に登載するほどはありません。

それよりも先に述べたように京都・大阪・東京を中心に手話がそれぞれ形成されたため、大阪と京都でも違いが多くあり、「大阪の手話」「京都の手話」と言えるものがあります。たとえば、大阪の「水」を意味する手話は片手で水をすくって飲むしぐさに由来し、大阪独特の手話です。京都の手話は全国に見られるのと同じく、水が流れるさまから来ています。日本語の方言が衰退して共通語に移るように、手話も共通化が進んでいます。

＊米川明彦（２００２）『手話ということば―もう一つの日本の言語』ＰＨＰ新書
＊米川明彦監修、全国手話研修センター日本手話研究所編（２０１１）『新 日本語-手話辞典』全日本聾唖連盟

日本語を学ぶ人にとって発音しにくい音はどんなものですか

回答＝小河原義朗

発音しにくい音は母語によって違う

まず、なぜ日本語を母語としない日本語学習者にとって難しい発音があるのかについて考えてみます。

例えば日本語母語話者が英語を勉強するときに、light と right のような〝l〟と〝r〟を区別して発音するのは難しいとよく言われます。英語話者にとってこの発音の違いは、light は「光」、right は「右」のように語の意味を区別するために重要な働きをしています。

一方、日本語では、light と right のどちらを聞いても同じ「ライト」と表記し、どちらも「ライト」と発音して敢えて区別しません。「ライト」の意味は発音の違いではなく、文脈や場面によって判断します。

つまり、英語では意味を区別するために重要な〝l〟と〝r〟の発音を、日本語では意味の区別に利用しないため、日本語母語話者はどちらの場合のときも聞こえが近く、使い慣れている日本語のラ行子音の発音になってしまうのです。

日本語学習者が日本語を勉強するときにはこの逆の現象が起こります。つまり日本語では意味を区別する上で重要な発音でも、学習者の母語では意味の区別に利用しない場合、その学習者にとっては区別しにくい難しい発音になると考えられるわけです。

例えば日本語では、「天気（tenki）」と「電気（denki）」は［t］と［d］の違いによって意味が異なります。［t］は喉の奥にある声帯を振動させないで出す無声音、［d］は振動させて出す有声音です。

中国語や韓国語ではこの違いを意味の区別に利用しないため、中国語や韓国語の母語話者は日本語の「タ」と「ダ」のような清濁の区別が難しく、例えば「私」が「わたし↓わだし」となる傾向があります。

その他にも、韓国語母語話者にとって日本語の「ザ・ズ・ゼ・ゾ」と「ジャ・ジュ・ジェ・ジョ」は区別が難しく、例えば「残念」が「ざんねん↓じゃんねん」と発音される例が見られます。

また、タイ語母語話者にとって日本語の「シ」と「チ」（例：しけん↓ちけん）、「ツ」と「ス」（例：あつい↓あすい）などの区別は難しい発音とされています。

このように同じ日本語の発音でも学習者の母語によって、難しい発音になったり、簡単な発音になったりするのです。ただし、これはあくまで一般的な傾向ということで、学習者の母語における地域差や個人差はもちろんありますから、同じ母語話者でも難しい発音は必ずしも同じとは限りません。

小さい「っ」や「ん」は共通して難しい

学習者にとって難しい発音には母語による違いが見られる一方で、日本語の中で特殊拍と言われる小さい「っ」（促音《そくおん》）や伸ばす音「ー」（長音）、「ん」（撥音《はつおん》）などは、多くの学習者に共通して難しいと言われています。

例えば子供のころ、以下のように学校の授業や宿題などで俳句を作ったことがあると思います。

どうしよう　宿題忘れ　新学期

ドー／シ／ヨ／ー（5）シュ／ク／ダ／イ／ワ／ス／レ（7）シ／ン／ガ／ッ／キ（5）

日本語母語話者はこの「／」で区切ったように五・七・五の定型のリズムに合っているかどうか、何の違和感もなく簡単に数えることができます。このときの特徴として、リズムとして指折り数えることができる一拍一拍の長さは、通常、日本語母語話者には等しく感じられます。

しかし、このような拍感覚に慣れていない学習者にとっては、一拍を正しく聞き取ったり、発音したりすることが難しくなります。特に、促音や長音、撥音のリズムは、母語においてそれらを一拍として捉えることをしない多くの学習者にとって難しいのです。

そのため、多くの学習者は、例えば次の傍線部のような特殊拍について、独立した長さをもつ一拍分として捉えられずに発音してしまい、日本語母語話者には短く、あるいは発音されていないかのように聞こえてしまうのです。

例：「あっさり」→「あさり」「しょうしょう」→「しょしょ」

その他、日本語らしさに不可欠な要素であるアクセントやイントネーションといった面も、学習者の母語の違いによって難しい課題になります。

以上のように、日本語学習者にとって発音しにくい日本語の音は、学習者の母語によって変わってくるということです。

近年、身の回りに日本語を話す外国の人々が増えてきています。その人たちの話す日本語を注意して聞いてみてください。みんな同じではなく、それぞれ特徴のある日本語を話していると思います。どのような特徴があるでしょうか。そしてもし機会があればどんな音が難しいのか、是非直接日本語で尋ねてみてください。

＊小河原義朗・河野俊之（２００９）『日本語教師のための音声教育を考える本』アルク
＊河野俊之・松崎寛（２０１０）『日本語教育能力検定試験に合格するための音声23』アルク
＊国際交流基金（２００９）『日本語教授法シリーズ2　音声を教える』ひつじ書房

外国人と日本語で話すとき、伝わりやすいように気をつけるべき点を教えてください

回答＝柳田直美

文は短く、はっきり終わらせる

たとえば、役所の窓口で説明を受けるとき、こんな話し方をされたら、みなさんはどう思われますか。

えっとー、あとですね、この制度を利用される場合なんですけど、こちらに出していただく書類があって、そちらのほうに記入していただくような形になると思いますので、とりあえず今日は受付をさせていただいて……。

日本語が母語である方（以下、日本人）にとっては、特に理解するのが難しいものではないかもしれません。しかし、日本語にまだあまり慣れていない日本語非母語話者（以下、

外国人）にとっては、このような話し方はわかりにくいようです。

　では、どんな話し方が外国人にとってわかりやすいのでしょうか。外国人と話すときの話し方として参考になるのは、「外国人に慣れている人の話し方」です。

　外国人に慣れている人（毎日日本語で外国人とコミュニケーションをしている人）と慣れていない人（外国人とほとんど会話したことがない人）を比べた調査[*1]から、外国人に慣れている人は、外国人と話すときに以下のような方法を多く使っていたことがわかりました。


〈自分が話すとき〉
・文を短くする。また、文の終わりをはっきりさせる。
・簡単な言葉に言い換える。
・「わかりますか」など、相手が自分の話を理解しているかどうか確認する。

　この方法を使うと、最初の例は以下のようになります。

窓口：この制度を利用しますか？
外国人：はい。
窓口：じゃ、ここに書類があります。ここに書いてください。まず、今日は受付をします。ここまで大丈夫ですか。

また、外国人に慣れている人は、相手の話を聞くときに以下のような方法を使っていました。

〈相手の話を聞くとき〉
・あいづちをたくさん打つ。
・「わかりました」「なるほど」など、相手の話を理解したことをはっきり示す。
・「～ですね？」など、相手が言ったことを繰り返し確認する。
・相手が困っていたら積極的に助ける。

このような方法は、外国人とコミュニケーションをとるために有効であるとされています。

言葉のテクニックより大切な「話そうとする姿勢」

外国人とコミュニケーションをとる際に有効なテクニックをいくつか紹介しましたが、コミュニケーションは双方向で行われるものですから、外国人が日本人とのコミュニケーションに何を求めているかを知ることも大切です。

日本人が行う〈説明〉に対して、外国人側がどのような点に注目しているかを分析した研究[*2]によると、「積極的な参加態度」「落ち着いた態度」「相手に合わせた適切な説明」「言葉に関する具体的な説明」「非母語話者向けの説明」という五つの観点のうち、外国人は最初の三つをより重視していることがわかりました。

つまり、外国人はどちらかというと、会話に参加する態度が熱心かどうか、協力的かどうか、リラックスしているかどうかなど、日本人の会話へのかかわり方に注目しているといえます。また、外国人全員に対して同じように話すのではなく、相手の理解度に合わせて話し方を調整してほしいと思っているといえるでしょう。

そこで、外国人と話すときはまず、①会話に積極的に参加しているという態度を示すこと、②リラックスして話すこと、③相手に合わせて自分の話し方を調整すること、の三つを心がけてください。これは、外国人・日本人いずれが相手でも、コミュニケーションの基本でしょう。

そして、③相手に合わせて自分の話し方を調整するときに、相手の日本語レベルがあまり高くないと思われる場合は、先に挙げたような外国人に慣れている人が使っている方法を使ってみることをお勧めします。

コミュニケーションを大切にする態度と少しのテクニックで、外国人との会話がもっとうまくいくはずです。

*1―柳田直美（2015）『接触場面における母語話者のコミュニケーション方略―情報やりとり方略の学習に着目して』ココ出版

*2―柳田直美（2020）「非母語話者は母語話者の〈説明〉をどのように評価するか―評価に影響を与える観点と言語行動の分析―」『日本語教育』第177号、pp.17-30、日本語教育学会

英語はbrotherで兄も弟も表しますが、世界の言語には、どのような親族名称のパターンがあるのでしょうか

回答＝田村幸誠

あまりにも大きすぎる、謎のジョンさん一家

17年程前、アラスカ州フェアバンクス市にあるアラスカ大学で半年ほど言語学の勉強をしていました。その時、偶然、ジョンさんというユピック・エスキモーの人と出会いました。ユピック・エスキモーの村で教師をするためにアラスカ大学にやって来た人でした。当時の私は、イヌイットとは異なるエスキモーの人たちがいることすら知りませんでした。ジョンさんは毎週日曜日、自宅に私を招いてくれて、伝統的な料理をご馳走してくれました。

このムース（ヘラジカ）の肉は自分で撃ったもの、ソース代わりに用いるアザラシの脂は兄が送ってくれたもの、この鮭は姉が送ってくれたもの、と食べ物を解説しながら、家族のこと、自分の育ったアラスカ西南部にあるヌナーピチョコ村のことなどをたくさん話

してくれました。

3ヶ月もすると、ジョンさん一家のことはかなり詳しくなりました。

その一方で、食事をするたびに違和感も覚えました。私たちは英語で話していたのですが、幼い頃に亡くなったはずの「お父さん」らしき人が今も元気であったり、出身地が異なる兄や姉がいたり、なによりジョンさんの話からすると兄弟姉妹が14～15人はいる感じなのです。

加えて、フェアバンクスの街中に一緒に出掛け、ユピック・エスキモーの人とすれ違うと、4～5人にひとりはジョンさんの「いとこ（cousin）」に遭遇します。

どう考えても、ジョンさん一家は、大きすぎると感じました。

おじとおばも「父」「母」と呼ぶ言語

ある日、アラスカ大学の図書館地下で、英語の本に交ざって一冊の日本語の本があるのに気づきました。それはユピック・エスキモー語研究の第一人者、宮岡伯人先生が1980年代に書かれたエスキモーの本でした。その中に、131ページの表にあげた親族名称の系図をみつけました。

さらに、その中の表にある11、12、13、14をみて、腰が抜けそうになりました。系図と照らしあわせてみていただきたいのですが、ユピック・エスキモー語では、自分のお父さんの男きょうだいの子ども、お母さんの女きょうだいの子ども（「平行いとこ」と呼ばれる）には、自分の兄弟姉妹と同じ名称が用いられるのです。

逆に、表の15と16にあるように、お父さんの女きょうだいの子ども、お母さんの男きょうだいの子ども（「交叉いとこ」）には別の名称が用いられています。

なるほど、ジョンさんにきょうだいが多かった理由はこの平行いとこをそのまま英語のbrotherやsisterに置き換えて話していたからなんだと合点がいきました。また、英語では血縁関係にある人はみなcousinと呼べるから、かなり遠い親戚も全部cousinを使って形容していたのだなと思いました。

また、先程「亡くなったはずのお父さんが元気だったり」と述べましたが、それもジョンさんの英語をゆっくり思い出すと、常に“(my) brother's father”という言い方をしていた気がします。私が混乱してしまったのは「(自分の) お父さんは早くに亡くなったので、(自分の) 兄のお父さんに狩りの仕方を教わったんだ」という様な表現でした。

宮岡（＊1、p.82）によると、平行いとこと交叉いとこを区別するこの親族名称体系は文

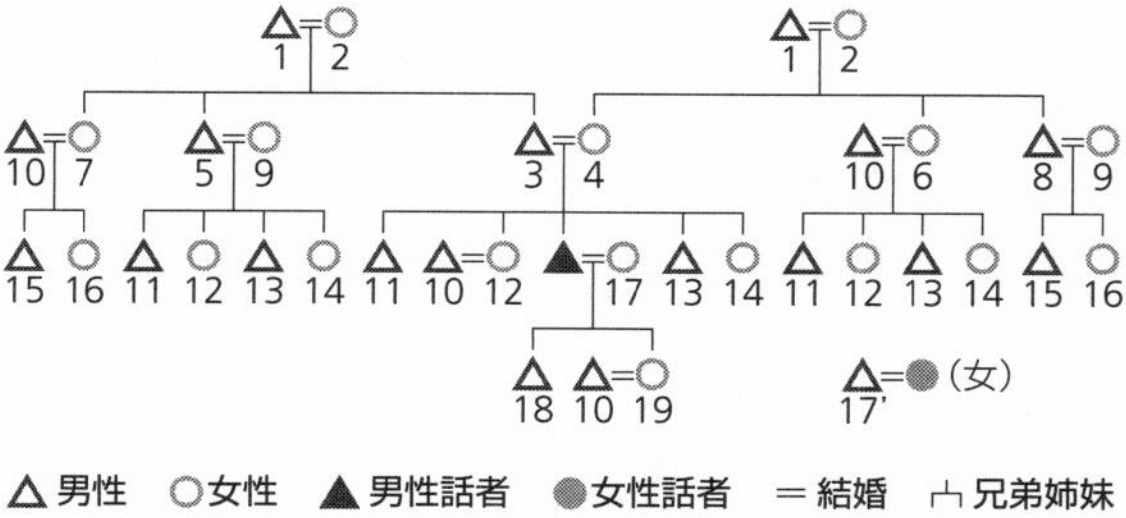

名称			指示範囲（近親者のみ）
1	アパオゴロック	apa’urluq	父の父、母の父
2	マオゴロック	maurluq	父の母、母の母
3	アアタ	aata	父
4	アアナ	aana	母
5	アッタアタ	ataata	父の兄弟
6	アンナアナ	anaana	母の姉妹
7	アチャック	acak	父の姉妹
8	アガック	angak	母の兄弟
9	アチョーガック	acurak	5·8の妻
10	ヌンガウック	nengauk	6·7·12·14·19の夫
11	アンガック	anngaq	兄、5·6の息子（年上）
12	アシカック	alqaq	姉、5·6の娘（年上）
13	ウヨーガック	uyuraq	弟、5·6の息子（年下）
14	ナヤーガック	nayagaq	妹、5·6の娘（年下）
	ウヨーガック	uyuraq（女）	＝13
15	イローガック	iluraq	7·8の息子
	ウイチュガック	uicungaq（女）	
16	ヌッリアチュガック	nuliacungaq	7·8の娘
	イルーガック	ilungaq（女）	
17	ヌッリアック	nuliaq	妻
17’	ウイ	ui（女）	夫
18	クトゥンガック	qetunraq	息子
19	パニック	panik	娘

10は諸世代にまたがる。（女）女性話者
女性話者のばあい、年下の「きょうだい」に性の区別をしない（13=14）

表●ユピック・エスキモーの親族名称

出典：宮岡伯人『エスキモー ―極北の文化誌』p.83 を基に作成

化人類学では「イロコイ型（ネイティブ・アメリカンの一つに由来）」に分類されるといいます。

また、日本語や英語のように二つのタイプのいとこを区別しない体系は「エスキモー型（イヌイット語を反映した名称）」と呼ばれます（同じエスキモーでもこの点では大きく違うのですね）。

世界の言語に観察される親族名称体系は、一般に、6タイプに大別できるとされます。その中でも「ハワイ型」が最も簡素な分類で、性差のみ、つまり、父方、母方関係なく、おじとおばに当たる人はみな父と母に相当する語が使われ、またその子どもは全て同じきょうだい（男女の区別はする）になるというのです（＊2、p.248）。

さらにダニエル・エヴェレット（＊2、pp.248-250）は自身の研究から、アマゾン川流域に暮らすピダハンは、その性差さえも希薄で、父、母、おじ、おばは、同一の語で表され、また、兄、姉、弟、妹もみな同じ名称で呼ばれるといいます。

言語と思考はどのくらい関わりがあるのか？

言語学における難問の一つに、「サピア・ウォーフの仮説」というものがあります。簡素化して言いますと、「言語」と「思考（と行動）」はどのような関係にあるのかという議論です。

研究者の見解が一致している部分は、「言語」＝「思考」（最も強い仮説）ではないだろうということ、かといって、全く関係ないはずもなく、非常に限られた語彙のレベルでは、少なくとも「言語」はなんらかの形で「思考」に影響を与えているだろうということです（最も弱い仮説）。

研究者間で意見が分かれるのはそのオーバーラップの度合いがどの程度かという問題で、文法レベルでもある程度、「言語」は「思考」に影響を与えると、強めに考える研究者もいれば、語彙程度のレベルがやはりその限界線であると弱めに考える研究者もいて、静かながらも議論がおさまる気配はありません。

宮岡（＊1、p.84）は、ユピック・エスキモーの人たちには、日本語でいうところのきょうだいと平行いとこによるきょうだいとではっきりと意識と行動の差があることを述べています。また、エヴェレット（＊2、p.250）もピダハンの人たちはいとこ同士で結婚することが多々あると指摘した上で、名称が同じだからといって、ピダハンの人たちが日本語でいうところのきょうだいと婚姻関係を結ぶことはないといいます。

納得する一方で、新たに生まれてくる疑問があります。では、その区別の感覚は、例えば日本語で、他人である店員さんを「お兄さん」や「お姉さん」と親族名称を擬似的・虚構的に用いて呼ぶのとどのくらい異なるものなのでしょうか？[*3]

　きょうだいといとこに同じ名称を与える人たちとそうでない人たちで思考、感覚や行動は実際どの程度異なっているのでしょうか。もっと考察してみたい気持ちにさせられます。「婚姻関係とは」といった硬い問題を少し離れて、まず、是非、表にある系図をもとにご自身のいとこ関係をユピック・エスキモー語にあてはめて、その関係を想像してみていただけたらと思います。

　ちなみに私には、兄が2人、姉が4人、弟が3人いることになります。いつもと違うフレームで人間関係をみてみると、ひょっとしてそこに何か生活のヒントが隠れているかもしれません。

*1—宮岡伯人（１９８７）『エスキモー——極北の文化誌』岩波新書

*2—Everett, Daniel L. (2012) *Language: The Cultural Tool*, Vintage Books.

*3—鈴木孝夫（１９７３）『ことばと文化』岩波新書

第4章 どちらを選ぶ？迷う日本語

「これ」「それ」「あれ」は、どんなふうに使い分けられていますか

回答＝金井勇人

目の前にあるような臨場感を出す「これ」

「これ」「それ」「あれ」などの指示詞は、基本的には、指示対象までの距離に応じて使い分けられます。以下では、さらに詳しい使い分けについて見ていきますが、その前に用語をいくつか導入しましょう。

まず、近距離を指す「これ」を《近称》、中距離を指す「それ」を《中称》、遠距離を指す「あれ」を《遠称》と呼ぶことにします。そして、会話の現場にある「ものやこと」を指すことを《現場指示》、会話の現場にない「ものやこと」を指すことを《非現場指示》(または文脈指示)と呼ぶことにします。

それでは、はじめましょう。

近称（これ）

太郎が手に持っている「スマホ」を花子に見せています。

(a) 太郎「これ、買ったばかりの新しいスマホ」
　　花子「あ、画面が大きくて使いやすそう」

太郎は近距離にある「スマホ」を、近称の「これ」で指しています。「スマホ」は会話の現場にあるので、(a)の「これ」は《現場指示》ですね。

それでは次の発話は、どうでしょうか。

(b) このあいだ札幌に行ったとき、おいしいと評判のラーメンを食べたんだけど、これが絶品でさあ！

本当の「ラーメン」が会話の現場にあるわけではありません

ね。このような指示を《非現場指示》といいます。

それにしても、「ラーメン」は会話の現場にないのに、まるで目の前にあるような感じがします。「これ」は《非現場指示》でも、《近称》の性質を保っているからです。したがって、札幌で食べた「ラーメン」の印象が強くて、目の前にあるような臨場感とともに表したいときは、近称（これ）が選ばれやすくなります。

目立ったニュアンスを出したくないときの「それ」

中称（それ）

電車の中で、太郎と花子が並んで座っています。2人の目の前（1mぐらいのところ）に何か落ちていました。

（c）太郎「あ、それ、何かな？」

花子「誰か財布を落としたんだ！」

2人から中距離にある「財布」は、中称の「それ」で指せま

す。このときのニュアンスは「近くもなく、遠くもない」といった中立的なものでしょう。

ただし、中称には独り言では使いにくいという特殊な性質があります。独り言では「あ、それ、何かな？」とは言いにくく、「あ、これ、何かな？」か「あ、あれ、何かな？」と言う方が自然であることを確認してください。

もう一つ、見てみましょう。電車の中で、太郎と花子が向かい合って座っています。

（d）太郎「あ、それ、何？」
　　花子「さっき買ったジュース。飲む？」

（d）の「それ」は、聞き手（花子）の領域にある「ジュース」を指します。

このように《現場指示》の中称（それ）は、《中距離にある対象を指す》《聞き手の領域にある対象を指す》という、どちらも重要な2つの役割を持っているのです。

それでは中称は、《非現場指示》では、どのように使われる

でしょうか。

（e）このあいだ、札幌で有名なラーメンを食べたんだけど、なんか、それ、評判のわりにはイマイチだったんだよね……。

「それ」で指すと、「これ」で指したときの目の前にあるような感じにはなりませんよね。「それ」は、あくまで文章中の前に出てきた言葉（先行詞といいます）と客観的に照応させる感じになることを確認してください。つまり「それ」は、「ラーメン」という先行詞を指すのです。

このように「それ」は《非現場指示》でも、中立的な指し方をします。したがって、特に目立ったニュアンスを出したくないときは、中称（それ）が選ばれやすくなります。

共感とともに話し手と聞き手の共有知識を指す「あれ」

遠称（あれ）

山登りをしている太郎と花子。頂上に着いて、景色を眺めています。

（f）太郎「あれ、スカイツリーだよね？」
　　花子「そうね、ずいぶん遠くからも見えるのね」

　太郎と花子から遠距離にある「スカイツリー」を、遠称（あれ）で指しています。このときの「あれ」は《現場指示》ですね。遠称の場合は、中称とは違って独り言でも使えることを確認してください（ちなみに、近称も独り言で使えます。独り言で使いにくいのは中称だけです）。

　それでは遠称は、《非現場指示》では、どのように使われるでしょうか。

（g）太郎「このあいだ喫茶店で食べたケーキ、あれ、なんて名前？」
花子「あれはモンブランていうの！」

このように、《非現場指示》の遠称（あれ）は、話し手の記憶内にある「ケーキ」を指しています（記憶指示といいます）。記憶内には、過去の出来事や事物が入っていますよね。過去は現在から見て《遠い》イメージを持っているので、遠称が記憶指示に転用されるわけです。

ここで注意したいのは、実は（g）のように「あれ」を使えるのは、太郎と花子の両方の記憶内に「ケーキ」があるときだけ、ということです。もし太郎が一人で「ケーキ」を食べに行ったのであれば、「あれ」は使えません。そのときは、客観的に先行詞を指す「それ」か、臨場感とともに対象を指す「これ」が選ばれます。先の例文（e）（b）を参照してください。

	現場指示	非現場指示（文脈指示）
近称（これ）	(a)近距離にある対象を指す	(b)目の前にあるような臨場感を伴って対象を指す
中称（それ）	(c)中距離にある対象を指す (d)聞き手の領域にある対象を指す	(e)客観的に照応させる感じで先行詞を指す
遠称（あれ）	(f)遠距離にある対象を指す	(g)共感とともに記憶内にある共有知識を指す

表●「これ」「それ」「あれ」の違い

基本的に「あれ」は、話し手と聞き手の共有知識を指し、そのことによって２人の共感を高めることができるのです。

ただし、「このあいだ喫茶店でケーキを食べたんだけど、あれ、本当においしかったなあ！」のように、とても強い思い入れを表したいときには、例外的に、聞き手が知らなくても「あれ」が使えることがあります。

以上、「これ」「それ」「あれ」の使い分けを見てきました。ふだんは何気なく使っている指示詞ですが、「こ〜」「そ〜」「あ〜」の３つだけで、あらゆるものが指せるだけでなく、そこには様々なニュアンスが込められているわけですね！

「それから」「そして」「それで」がどう違うか、その違いを教えてください

回答＝青木優子

「そして」の後には重要度が高い情報がくる

「それから」「そして」「それで」は、一見、同じような文脈で用いられる、ほとんど同じ接続詞のように見えますが、実は違いがあります。特に、似たものを並べる「それから」「そして」と、結果を導く「それで」はタイプが違うように思えます。

石黒圭[*1]の分類で、「それから」と「そして」が「整理の接続詞」中の「並列の接続詞」―「そして系」に分類されるのに対して、「それで」が「論理の接続詞」中の「順接の接続詞」―「だから系」に分けられているのは、そうしたタイプの違いを反映しているのでしょう。

まず、「整理の接続詞」に分類される「それから」と「そして」の用法について見ていきます。次の例（1）は、「そして」を使う例です。

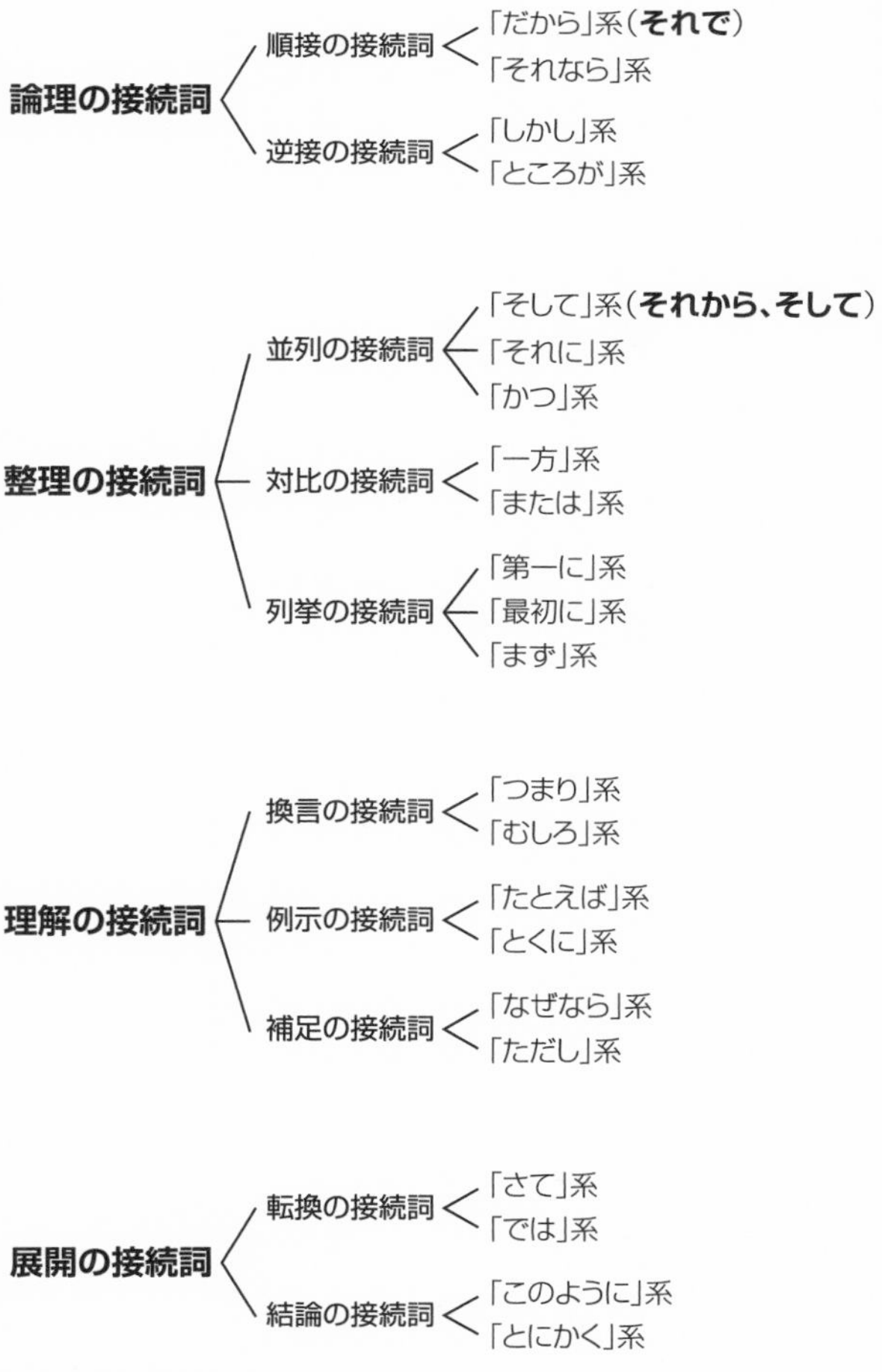

図●四類十種の接続詞
出典:石黒圭『文章は接続詞で決まる』p.57の図を基に作成

（1）競うように芽を伸ばす若木は、あるものは食害に、あるものは風雨に倒れ、百年を超えて生き残ったものも、切り倒され朽ち果て、そしてこの一本だけが残った。

〈小松左京／高橋桐矢（著）『安倍晴明　天人相関の巻』二見書房〉

「そして」は、「そうして」の縮約形で、「そう」と「して」から成りますが、「そう」が引き受けた前の文脈の帰結を後ろで述べる際に用います。そのため、並列といっても、「そして」の前後の文脈は等質のものではなく、「そして」の後ろにより重要な事柄が追加されます。

例（1）では、木々の様子を並列して述べていますが、すべての木々が等質に扱われているわけではありません。文の前半では、成長していた木々が「あるものは食害に」、「あるものは風雨に」倒れ、「切り倒され朽ち果て」たりもして、次々となくなっていった様子が表されています。そのような前提のうえで、最後に「そして」を用いて、数ある木々の中で、「この一本だけが残った」と、神秘的な木の存在を強調して伝えていることがわかります。

「それから」の前後の情報に軽重はない

次の例（2）は、「それから」を使う例です。

（2）先ず「ケニントン」という処まで十五分ばかり歩行いてそれから地下電気で以て「テームス」川の底を通って、それから汽車を乗換えていわゆる「ウェスト、エンド」辺に行くのだ。

〈和田茂樹（編）『漱石・子規往復書簡集』岩波文庫〉

（2′）先ず「ケニントン」という処まで十五分ばかり歩行いて地下電気で以て「テームス」川の底を通って、汽車を乗換えていわゆる「ウェスト、エンド」辺に行くのだ。

「それから」は、「それ」と「から」から成り、前後の文脈の時間的な関係を表します。例（2′）のように、「それから」を省略しても前後の文脈の意味は伝わりますが、出来事だけが羅列されると単調になるため、「それから」を使った方が、時間の流れを明確に示すことができます。

次の例（3）は、有名なロシア民話の『おおきなかぶ』の一節です。この一節に「そして」と「それから」を加えると、どちらの文が自然に感じられるでしょうか。

(3) ねずみが　ねこを　ひっぱって、ねこが　いぬを　ひっぱって、いぬが　まごを
ひっぱって、まごが　おばあさんを　ひっぱって、おばあさんが　おじいさんを
ひっぱって、
〈A・トルストイ（再話）／内田莉莎子（訳）『おおきなかぶ』福音館書店〉

(3′) ねずみが　ねこを　ひっぱって、ねこが　いぬを　ひっぱって、いぬが　まごを
ひっぱって、そして、まごが　おばあさんを　ひっぱって、そして、おばあさんが
おじいさんを　ひっぱって、

(3″) ねずみが　ねこを　ひっぱって、ねこが　いぬを　ひっぱって、いぬが　まごを
ひっぱって、それから、まごが　おばあさんを　ひっぱって、それから、おばあさ
んが　おじいさんを　ひっぱって、

「そして」と「それから」は、どちらも「並列の接続詞」ですが、等質のものを並列する際には、「それから」が使われます。「それから」で結ばれる前後の情報には軽重がありません。一方、前述の通り、「そして」の前後の文脈は等質のものではなく、「そして」の後

ろにより重要な情報が書かれます。

例（3′）と（3″）では、「まごが　おばあさんを　ひっぱる」ことや「おばあさんが　おじいさんを　ひっぱる」ことだけが特に重要な出来事ではなく、等質の登場人物の動作が並列されていると考えられるため、「そして」を使うと不自然になります。

原因と結果をつなぐ「それで」

続いて、「論理の接続詞」の「それで」を見てみます。「それで」は「順接の接続詞」で、前に述べたことが原因で後ろに述べる結果になる場合に使われます。次の例（4）の「それで」を、「それから」や「そして」に置き換えることが可能でしょうか。

（4）①すごく弱い光よ。②ずっと奥の方から洩れてくる蠟燭の光みたいなの。③それで私、誰かが蠟燭をみつけて、それをつけてるんだなと思ったわけ。

〈村上春樹（著）『ダンス・ダンス・ダンス（上）』講談社〉

（4′）①すごく弱い光よ。②ずっと奥の方から洩れてくる蠟燭の光みたいなの。③それから／そして私、誰かが蠟燭をみつけて、それをつけてるんだなと思ったわけ。

例（4）と（4'）は、文①と②で、話し手が見た状況を説明し、文③で、それを見た私は「誰かが蠟燭をみつけて、それをつけてるんだなと思った」という結果を述べています。文①・②と文③は、原因と結果という因果関係にあるため、「論理の接続詞」である「それで」が用いられています。

「それから」や「そして」は「整理の接続詞」で、前後の事柄を並べてつなぐ働きをしますが、因果関係を積極的に示す働きはないため、例（4）で用いると不自然になります。

もちろん、並列関係と因果関係、どちらに解釈しても問題ない場合にはどれも使えます。次の例（5）のようなものです。

（5）テーブルの上に赤ワインのボトルが置いてある。それから／そして／それでワイングラスが二つ置かれている。

＊1―石黒圭（2008）『文章は接続詞で決まる』pp.56-6、光文社新書
＊石黒圭（2016）『書きたいことがすらすら書ける！「接続詞」の技術』実務教育出版

「思う」と「考える」の意味はどういうふうに違うのですか

回答＝渡辺由貴

「子どもの将来をじっくり思う」はなぜヘンなのか

「思う」も「考える」も思考に関する動詞ですが、その思考のニュアンスが異なります。大きな違いは、「思う」は「情緒的・一時的な思考」、「考える」は「論理的・継続的な思考」というニュアンスをもっている点です。

このこととも関連して、その思考を「自分の意志でコントロールできる度合い」は「思う」より「考える」の方が強くなります。次の文を比べてみましょう。

・子どもの将来を思う。
・子どもの将来を考える。

思う	考える
情緒的·感情的	論理的·理性的
一時的	継続的
自分の意志で コントロールしにくい	自分の意志で コントロールできる

表●「思う」と「考える」の違い

「子どもの将来を思う」で思考されるのは希望や不安といった情緒的・感情的な内容であることが多く、「子どもの将来を考える」で思考される内容は、教育や経済状況等、論理的・理性的なものになります（もちろん、考えた結果、希望や不安等の感情をもつことはありえます）。

文を少しかえてみます。「子どもの将来をじっくり考える」は自然なのに対し、「子どもの将来をじっくり思う」という表現は使いにくいですが、これは、「考える」のもつ継続的思考、「思う」のもつ一時的思考というニュアンスの違いのためです。

また、「考える」ことは自分の意志でコン

トロールできるため、「今から子どもの将来を考えよう」のように言うことができます。これと比べると、「思う」は自分ではコントロールしにくい思考行為であり、「今から子どもの将来を思おう」は不自然な表現になります。

さて、「思う」と「考える」の違いがよくあらわれている例をさらにみてみましょう。

一時的なこと、気持ちのことは「思う」

思う1　情緒的・感情的な思考

不満やうれしい気持ち等の感情には、「考える」ではなく「思う」が使われます。

○不満に思う。うれしく思う。
×不満に考える。うれしく考える。

また、故郷や母への強い気持ち等、情緒的な思考をあらわす際にも「思う」が使われることが多いです。

○故郷を思う。母を思う。
×故郷を考える。母を考える。

ただ、「故郷を考える」がシンポジウムのタイトルであれば、故郷について論理的・理性的に思考するというニュアンスから自然な文になります。また、「故郷のことを考える」のように「のこと」をつけると、故郷自体だけでなく、故郷をとりまく様々な事柄も含めた抽象的なものとしてあらわすことができ、「考える」を使いやすくなります（「～を考える」と「～のことを考える」の違いを別の文でみてみると、「献立を考える」という文では、考える内容が具体的な献立そのものであるのに対し、「献立のことを考える」という文は、献立にまつわるあれこれについて考えをめぐらすという意味になります）。

思う2 一時的な思考

次の場合、「誰!?」と思考したのは一瞬のことなので、「思う」が使われます。

○誰かと思ったらあなたでしたか。
×誰かと考えたらあなたでしたか。

逆に、「あれは誰だったのかとずっと考えていたのですが……」のようにその思考が継続的である場合には「考える」が使われます。

「思う」のはやめられないが「考える」のはやめられる

考える1 論理的・理性的な思考

次のように、原因を解明したり対策を練ったりするには論理的な思考が必要であり、「考える」が使われます。

○少子高齢化の原因を考える。少子高齢化対策を考える。
×少子高齢化の原因を思う。少子高齢化対策を思う。

考える2　継続的な思考

次の例では、「明日までに」「しばらく」という表現から、継続的な思考であることが明らかです。また、このような文脈で思考されているのは、おそらく諾否の返事や適切な案等、何らかの論理的な内容であるところからも、「考える」を使うのが普通です。

○明日までに考えます。しばらく考える時間をください。
×明日までに思います。しばらく思う時間をください。

考える3　自分の意志でコントロールできる思考

次の例は、感情的な思考をあらわす文にもみえますが、思考する行為を禁止するような場合は「思う」ではなく「考える」が使われます。

○くよくよ考えるな。バカなことを考えるな。
×くよくよ思うな。バカなことを思うな。

自分の意志ではコントロールしがたい思考である「思う」は、「思考するな」という意味での禁止の形にはなりにくく、「通用すると思うな」（≒通用しない）、「これですむと思うなよ」（≒これではすまない）のように、思考する行為というより、思考内容を否定し、その認識をたしなめる際に使われることが多いです。

一方「考える」は、自分の意志で考えはじめたり考えるのをやめたりすることができ、他者がその思考を禁止することもできます。先の例の他にも「考えるな、感じろ」「それ以上考えるな」のように思考する行為を禁止する場合に多く使われます。

なお、副詞「くよくよ」には「いつまでも気にかける」という継続的な思考の意味があり、そもそも「くよくよ思う」とは言いません。

＊柴田武・國廣哲彌・長嶋善郎・山田進・浅野百合子（１９７９）『ことばの意味2　辞書に書いてないこと』平凡社
＊須田義治（２０１０）「『思う』と『考える』―その意味・用法について」『日本語形態の諸問題―鈴木泰教授東京大学退職記念論文集』（須田淳一・新居田純野編）pp.151-167、ひつじ書房
＊高橋圭介（２００２）「類義語『思う』と『考える』の意味分析―類義関係にある語の多義記述試論―」『日本語文法』第２巻第１号、pp.190-210、くろしお出版
＊森田良行（１９８９）『基礎日本語辞典』角川書店

イヌ年のことをなぜ「犬年」でなく「戌年」と書くのですか

回答＝片山久留美

「子・丑・寅・卯」の字は動物を指していない

動物の「イヌ」を表す漢字には「犬」や「狗」などがありますが、「戌年」の「戌」という漢字自体にはもともと「イヌ」という意味はありません。漢和辞典で「戌」という字を引いてみると、

戌：象形。小さな戉《まさかり》の形にかたどる。借りて、十二支の十一番目に用いる。[*1]

とあり、もとは武器のまさかりの形から作られた象形文字であったことがわかります。

「戌」だけでなく、「子」「丑」など他の十二支を表す漢字にも「ネズミ」「ウシ」といった動物を表す意味はありませんでした。

そもそも「十二支」とは何でしょうか。私たちはよく「今年の干支《えと》はイヌだ」というような言い方をしますが、「干支」というのは本来「十干《じっかん》」と「十二支」を組み合わせたもののことです。その歴史は古く、古代中国の王朝「殷《いん》」の時代には使用されていました。「十干」は「甲《こう》・乙《おつ》・丙《へい》・丁《てい》・戊《ぼ》・己《き》・庚《こう》・辛《しん》・壬《じん》・癸《き》」、「十二支」は「子《し》・丑《ちゅう》・寅《いん》・卯《ぼう》・辰《しん》・巳《し》・午《ご》・未《び》・申《しん》・酉《ゆう》・戌《じゅつ》・亥《がい》」から成り、天体の運行などに基づいて月日・方位などを定めるのに使っていたと考えられています。

中国ではこの「十干十二支」と、万物は「木・火・土・金・水」の5つの元素から成るという「五行説」、陰と陽の2つの気が調和することで自然界の秩序が保たれるという「陰陽説」とを結びつけて考えるようになります。日本でもこの考え方に基づいて、5つの元素それぞれに「陽＝兄《え》」「陰＝弟《と》」を付けて、十干を「甲＝木の兄（きのえ）、乙＝木の弟（きのと）、丙＝火の兄（ひのえ）、丁＝火の弟（ひのと）……」と呼ぶようになりました。「干支」を「えと」というのもこの「兄・弟」という言い方から来ています。

十二支は月日などの順序を表す記号のように用いられていたものであり、動物とは関わりがありませんでした。私たちが知っている十二支の動物名は、もともとあった十二支に後から割り当てられたものなのです。十二支に動物名を割り当てたことを明確に示す最も古い記録は、古代中国の後漢時代に著された『論衡《ろんこう》』という書物に残っています。

なぜ十二支に動物名を割り当てたのか、またなぜこれらの動物が選ばれたのかについては、十二支を多くの人々が理解し覚えられるように、なじみ深い動物の名前を付けたのではないかなどの諸説がありますが、はっきりとは解明されていません。

日本人の生活に深く関わってきた十二支

十干十二支は日本にも古くから伝わっていました。埼玉県行田市の稲荷山《いなりやま》古墳から出土した鉄剣には、「辛亥《しんがい》年七月中記」と刻まれており[*2]、十干十二支を用いて年を表していたことがわかります。年月だけでなく、時刻や方位を表すことにも使われていました。日本の古典文学に現れる十二支の使用例を見てみましょう。

入らせたまふは十七日なり。戌の刻など聞きつれど、やうやう夜更けぬ。（『紫式部日記』）（中宮さまが宮中へお入りになるのは十七日である。時刻は午後八時ごろなどと聞い

ていたけれど、だんだん延びて夜も更けてしまった）

わが庵は都の辰巳しかぞ住む世をうぢ山と人はいふなり（『古今和歌集』雑下・喜撰法師）（私の庵は都の東南にある。このように都から離れて勝手に暮しています。その宇治山もやはり世は憂しと世を厭うて入る山だと人さまは言っているそうです）

爪のいと長くなりにたるを見て、日をかぞふれば、今日は子の日なりければ、切らず。（『土佐日記』）（爪がたいそう長くなったのを見て、日を数えてみたら、今日は子の日なので切らない）

（本文の表記・現代語訳は全て『新編日本古典文学全集』〈小学館〉による）

『土佐日記』の例には「今日は子の日だから爪は切らない」とありますが、当時の風習として「手の爪は丑の日に切る」というものがあったため、前日の子の日には切らないと言っているのです。また、「子の日」は特に正月の最初の子の日のことを指して言うことが多く、野に出て若菜を摘み千代を祝うなどの儀式を行いました。

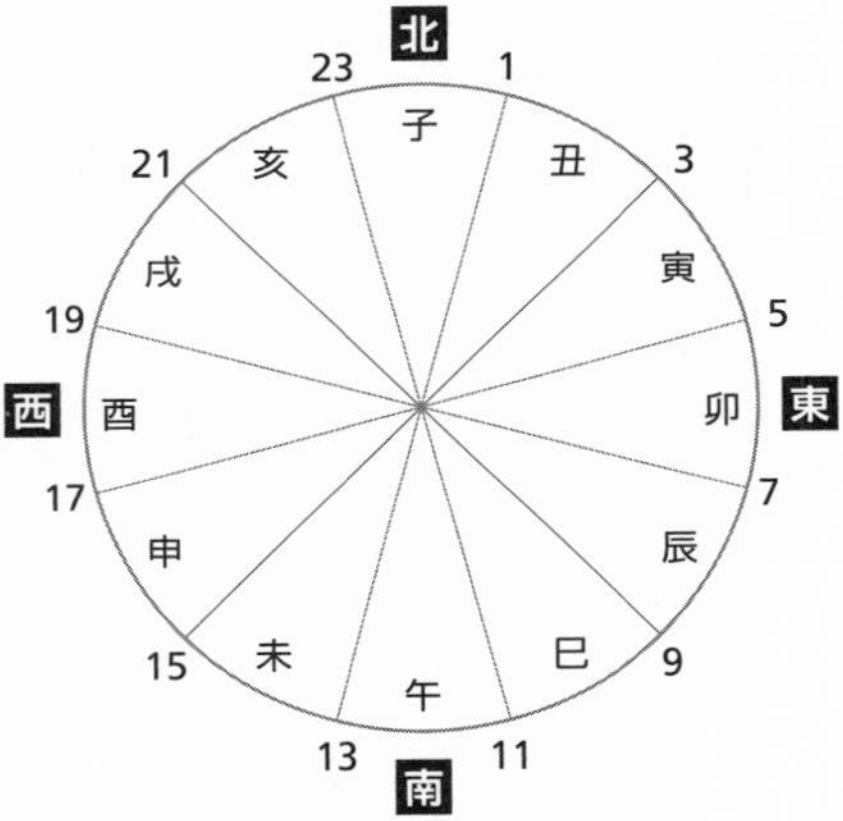

図●十二支と時刻、方角

他にも、自分が生まれた年の干支によって忌むべき方角を避ける「方違《かたたが》え」、「庚申《かのえさる》」の日には眠らずに夜を明かす「庚申《こうしん》待ち」など様々な信仰や風習と結びついた決まり・行事がありました。
　十干十二支は単に日付や時刻、方位を表すというだけでなく、生活のあらゆる場面において意識される身近で重要なものだったのです。

　このように日本の人々にとって十干十二支は、古くから生活の根幹に関わる場面に取り入れられ使用され続けてきたものです。そのため十二支に使われる漢字と、動物の意味を表す他の漢字とは混同せず、両者を明確に使い分ける意識が根強く働いてきたのではないでしょうか。

現代では意識することの少なくなった干支ですが、漢字をたよりに注意深く探してみると、私たちの生活の中にも多くの痕跡を見つけることができるかもしれません。

＊1―小川環樹・西田太一郎・赤塚忠編（1968）『新字源（初版）』角川書店
＊2―埼玉県立さきたま史跡の博物館「金錯銘鉄剣」(https://sakitama-muse.spec.ed.jp/金錯銘鉄剣)
＊水上静夫（1998）『干支の漢字学』大修館書店
＊諸橋轍次（1968）『十二支物語』大修館書店

履歴書の数え方は「1通2通」「1枚2枚」「1葉2葉」をどう使い分けたらいいですか

回答＝山田貞雄

「10枚書いて3通を郵送」がしっくりくる

ここでは、「今日は、履歴書を10枚以上書いた」「そのうち3通を郵送した」とするのがよい、というのが回答と言えるでしょう。

数そのものを表わす言葉に添えて、ものやことがらを数えるようにする言葉を助数詞といいます。小学校や中学校の入学試験に、豆腐やラーメンの一人分を「丁」で数える、といった日常の生活常識の範囲以上に、大人でも知らないような助数詞の問いが出題されたこともあるそうです。

そもそも「通《ツウ》」は、漢字や漢語の世界で、手紙や文書・書類を数える言葉としてあるもので、日常では、手紙やはがき、あるいはメールや応募アンケート、放送希望楽曲のリクエストなどにも使っています。

一方、写真や名刺などを個々に数える「葉《ヨウ》」は、「通」と同様に漢語で、手のひらに隠れる程度の、小さな紙きれなどを数えることが多く、日常では、証明写真やはがき、あるいは本のページの表裏などにも使っています。

では「枚」はどうか、というと、おおむね平らな形状のものなら、材質や大きさ、厚さを問わず、何にでも使えるように思われます。日常では、切手のようなものにも、布団や田畑にさえ使うことがあります。同じ音読みの漢語ですが、「通」や「葉」のような改まった文章語という感じはなく、話し言葉でも盛んに使っています。

このように見てくると、これらは、必ずそうしなければならない、といった相いれない三者択一ではなく、それで数えると、より「しっくりくる」「ぴったりだ」、という傾向のあることが分かります。すなわちこれらの使い方は、日常的には、定義や法律、規則などに縛られることなく、「そうよべば丁度いい」「長年この場合はこう言ってきたのだ」、という言語にまつわる文化や伝承とも言えるでしょう。

話はすこし脱線しますが、蝶を「頭《トウ》」と数えることが知られています。これはもともと、アマチュアコレクターの間で、独得の言葉遣いであったらしく、専門家は「頭」ではなく

「個体」として論文を書いているそうです（国立科学博物館分館のお話による）。

これらが、一般にも知られるようになったせいでしょうか、「かぶと虫はどうか」とか、「蟬も『頭』と数えるのか」「翅《はね》が生えて空を飛ぶから『頭』とよぶのか」などと派生した質問まで寄せられます。

また、すでに日本語に関する関心事や、新しい傾向を述べたものに取り上げられていることですが、近年、学年や年齢を「コ（個）」で数える人が増えています。例えば「先輩は私より『２こ』上ですよね」という言い方をする人がいるのです。

これらをみると、もともとの漢語や漢字の用法とは別に、限られた社会での特殊な言い方が伝えられたり、あるいは、世代や年代によって違う助数詞を使ったりする現象も生じることがわかります。

さて元の質問に戻りますが、「証明写真1葉を表にはって、表裏1枚の指定の様式による履歴書を1通、人事課まで郵送してください」のように、同時に遣うべき場合を想定すると、一つひとつの適宜の使い分けの判断も、容易になるのかもしれません。

＊飯田朝子著、町田健監修（２００４）『数え方の辞典』小学館

「可能性」は「高い」のか「大きい」のか「強い」のか、どれを使えばいいですか

回答＝山田貞雄

言葉には親しく付き合う仲間がいる

「可能性」ばかりではなく、「意識」（高い・強い）、あるいは「依存（性）」（高い・強い）なども、その形容詞に何を使えばよいか迷ったり、現実の文章にいろいろあったりして、同じことなのか、別のことなのか、その意味内容についても判断に迷う、などという問い合わせがあります。

このことを言語学では、コロケーションといったりします。言い換えれば、「それぞれの言葉（語彙）が文章を作るとき、きまって親しく付き合う仲間の言葉」といったらよいでしょうか。

たとえば、「可能性」の場合には、「高い」も「大きい」もどちらもいう（共起）ことが

あります。また、このようなことは、「可能性」「意識」のような抽象的な事柄だけではなく、「隙間」（広い・大きい）や「騒音」（大きい・強い）、「平均寿命」（高い・長い）など、身近な物事や現象についても、同じような「言葉仲間」の関係がみられます。

これらの言葉仲間の相手選びの様子については、現代では、国立国語研究所も進めている、コーパス言語学（大量の電子言語情報を駆使して、客観的に言語使用の特質を観察・分析しようとすること）の研究分野が解決に役立ちそうです。

このいわば「親しく付き合う言葉仲間の顔ぶれ」は、時代や年代によって異なる、ということがわかりました（例：「効果」は従来「大きい」と仲がよかったのですが、最近では主に若い世代で、「高い」とも仲良しに使われる）。

またたとえば、同じように「確率」の概念を表す言葉でも、「可能性」の場合は「高い」とも「大きい」ともお付き合いがあります。が、「頻度」となると「高い」としか付き合わず、「確率」の場合は「高い」がより多く、「恐れ」の場合は「大きい」の方が優勢、といったように、語ごとに相手を選ぶ癖があることもわかっています。

　このようなことは、たとえば「密度」に「高い」をつかってよいだろうか、とか、「環境への配慮」は「高い」といえるだろうか、などということがらにも解決の一助となるでしょう。

　これは、反対に「高い」という言葉はどういうときに、どういう状況を物語る役割をしてくれるのか、といった観点でも有益な情報を提供してくれます。

　ですから「数値」が高い、「度合い」が高い、「程度」が高いなどと考えてみると、より明快に、「密度」も「環境への配慮」もどちらも「高い」といえる、と判断がつきやすくなるのではないでしょうか。

第5章　便利で奇妙な外来語

どうして日本語には外来語が多いのですか

回答＝宇佐美洋

カタカナでどう書くかさえ決めればよい

以前、日本で女性用履物として「ミュール」というのがはやりました。これは英語またはフランス語の「mule」からの借用なのですが、日本語ではどういう音の形で受け入れるか（つまりカタカナでどう書き表せばいいか）ということさえ決めれば、それだけでこの語が使えてしまいます。

しかしフランス語に日本語の「下駄《げた》」が借用されたときには、そう簡単にはいきませんでした。フランス語をはじめとする多くのヨーロッパ語ではすべての名詞が「性」を持っており、どの性に属するかによって、その名詞を修飾する形容詞の形や名詞を受ける代名詞の形が違ってきます。このため外来語でも性が決まらなければその語が使えないのです。

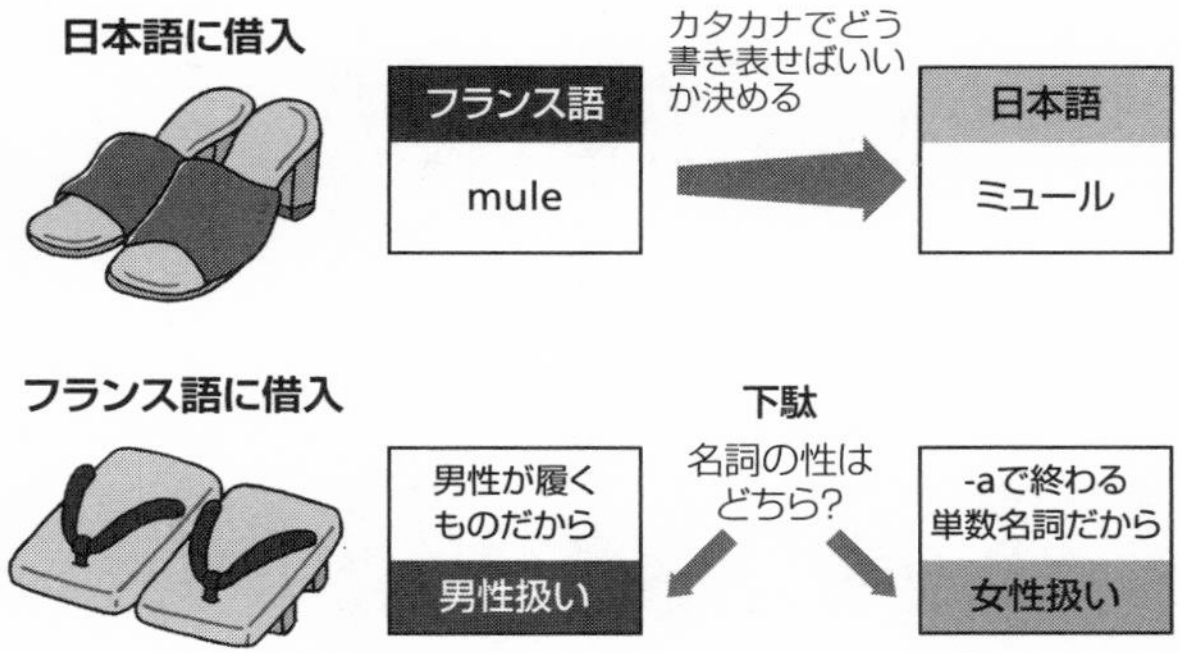

図1● 日本語・フランス語で新語借入時に起きること
新語について、日本語はカタカナでどう書くのかだけを決めればいいが、フランス語などヨーロッパ語はその名詞の「性」を決めなければならない。

外来語をはじめとする新語の性は、その単語が使われているうちに何となく決まっていくもので、名詞の性を決めるための必然的な手掛かりというものがあるわけではありません。今でもフランス語では、下駄は男性が履くもの、というイメージが強いために男性扱いとされたり、ラテン語で-aで終わる単数名詞はほとんど女性名詞、という理由から女性扱いとなったりと、共通認識はまだ得られていないようです。

また言語によっては、品詞（名詞、動詞、形容詞といった、文法的機能による単語のグループ分け）ごとに固有の語尾が決まっており、外国語から単語を取り入れる際には、その単語がその語尾で終わるよう、語形そのものを調整しなければならないこともあります。

例えばロシア語では、形容詞は -ɨj（-ウィイ）という語尾を持つことに決まっているので、フランス語から「serieux《セリュー》」（重大な、深刻な）という形容詞を借用したときには、これを「serjoznɨj《セリヨーズヌイイ》」という形に変形しなければなりませんでした。

原語の基本の形をそのまま素直に受け入れればいい日本語に比べ、随分ややこしい変形をしていることが見て取れると思います。

日本語の文法は「新語」受け入れに向いている

一方、タイ語のように、単語が基本的に語形変化しない言語もあります。この種の言語では、単語の文法的機能はもっぱら語順と文脈によって決まります。

例えば「行く」という動詞の後ろに「乗り物」を表す名詞が来ていれば、その名詞は「手段（〜によって）」という機能を持ち、「場所」を表す名詞が来ていれば、それは「目的地（〜まで）」という機能を与えられるのです。こうした文法的機能は、形の上では表現されません。

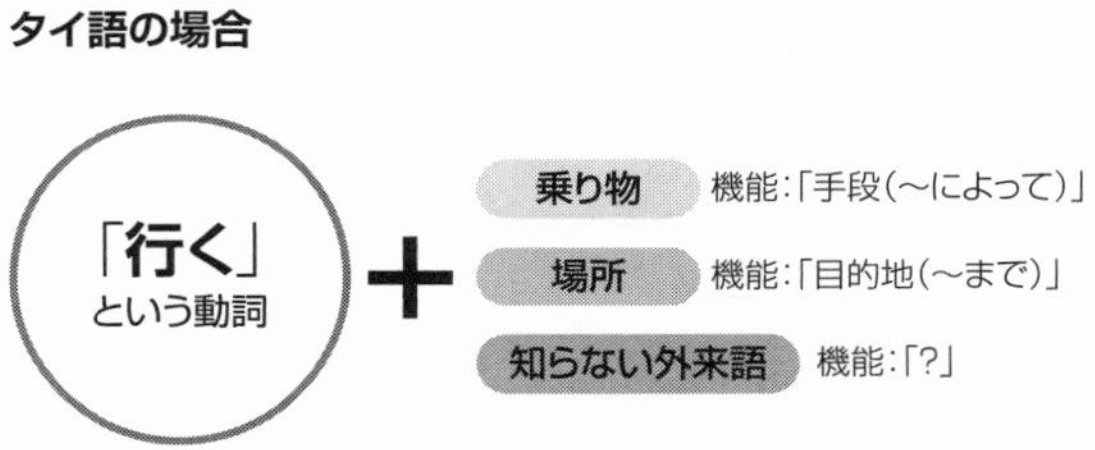

図2● タイ語における、文中での単語の機能の決まりかた
タイ語の場合、単語が基本的に語形変化しない。語順と文脈によって単語の文法的機能が決まるので、意味の分からない単語があると文全体の構造も分からなくなってしまう。

こういう言語では、語形変化がない分、外来語を取り入れるのが楽であるように思えます。

しかし実際はそうでもありません。こうした言語において単語の文法的機能は、「その単語の意味と、周りにある単語の意味との関係」によって決まります。ですから、文中に外来語のような意味の分からない単語があると、その単語が周囲の語とどういう文法的つながりを持っているのかが分からなくなり、結果として文全体の構造もとらえにくくなってしまう可能性が高いのです。

ひるがえって、日本語はどうでしょう。日本語は、単語そのものは語形変化せず、単語

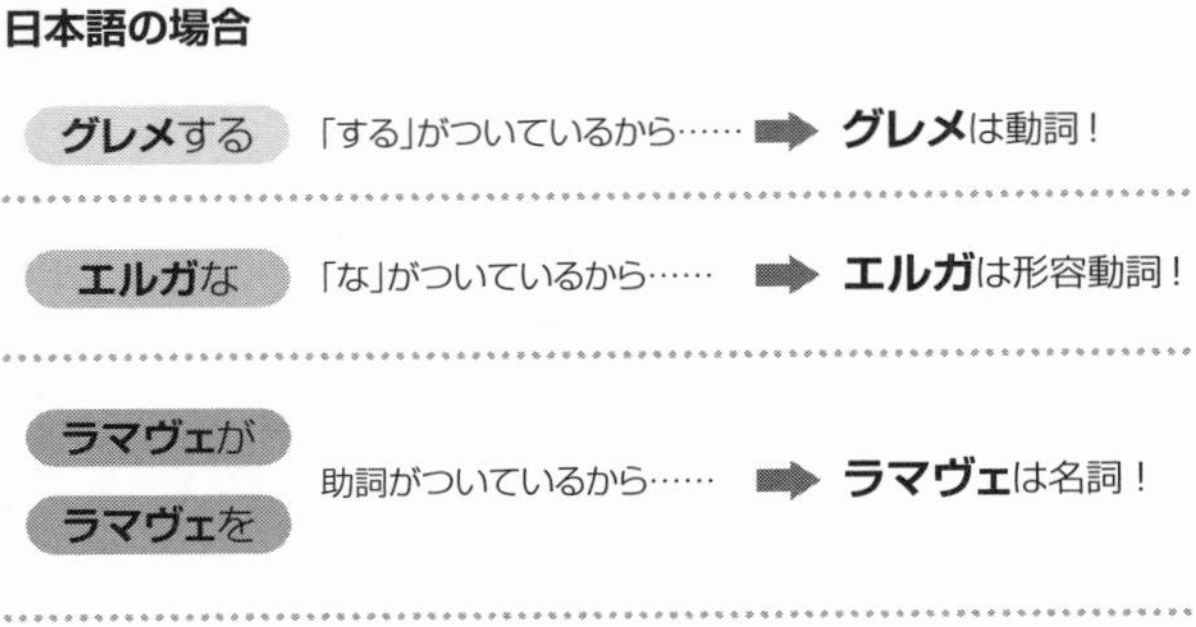

図3●日本語における、新語の機能の見分けかた
日本語は単語本体と、文法的機能を表す部分とが分けて表現されるので、意味の分からない外来語でも文中での機能が分かる。

に助詞や接辞などを直接張り付ける、というやり方によって文法的機能を表示します。

ですから、仮に単語自体の意味は分からなくても、「○○して」のように、単語の後ろに「する」の変化形が接続していれば、それ全体で動詞としての働きを持っていることは分かりますし、「△△な」であれば形容動詞として使われていることは明らかです。「××は」「××を」のように、単語に助詞が直接接続していれば名詞であることが分かり、さらに、その単語が文の主語なのか、動詞の目的語なのか、という「文中での機能」も一目瞭然です。

このように、「単語本体と、文法的機能を表す部分とが分けて表現される」という日本語の文法的特質は、外来語をはじめとする「新語」の受け入れにおいては大きな効力を発揮します。

一般にどの言語でも、名詞が最も借用しやすく、その他の品詞が借用される例はそう多くはないのですが、日本語では「グローバルな」のような形容動詞、「アクセスする」のような動詞も取り入れることができていますし、またそのような借用を行っても、文の構造は明瞭に表現され得るのです。

＊コムリー・B.（1992）『言語普遍性と言語類型論』（松本克己・山本秀樹訳）第2章　言語類型論、ひつじ書房（原著　1981、1989）

＊サピーア・E.（1987）『言語—ことばの研究』（泉井久之助訳）第6章　言語構造のいろいろの類型、紀伊國屋書店（原著　1921）

＊名古屋大学公開講座「名大の授業」講義資料　町田健（2009）「世界の中の日本語」(https://ocw.nagoya-u.jp/files/195/machida.pdf)

「クールビズ」のように急速に普及する外来語には、人を引き付ける何かがあるのでしょうか

回答＝柏野和佳子

節電効果、経済効果を上げた「クールビズ」

「クールビズ」は、「夏の軽装」の新名称として環境省が公募した中から生まれた言葉です。約３２００通の応募の中から選ばれ、２００５年４月に環境大臣より発表されました。英語の「クール（cool）」と「ビズ（biz）」（business の略）を合成した和製英語で、涼しく働く姿を意図して作られたものです。こうした夏の軽装の推進は、温暖化防止をねらい、夏の職場のエアコン温度設定を28℃にすることを目的にしたものです。

夏場には、あちらこちらでこの「クールビズ」という言葉とともに、ノーネクタイの軽装をする男性の姿が増えたことが話題になりました。２００５年秋に日本経団連が行ったアンケート調査では、85・５％の企業が「クールビズ」を実施していたことが分かり、そのうち２００５年から「クールビズ」を取り入れた企業は40・６％で、政府の呼び掛けが

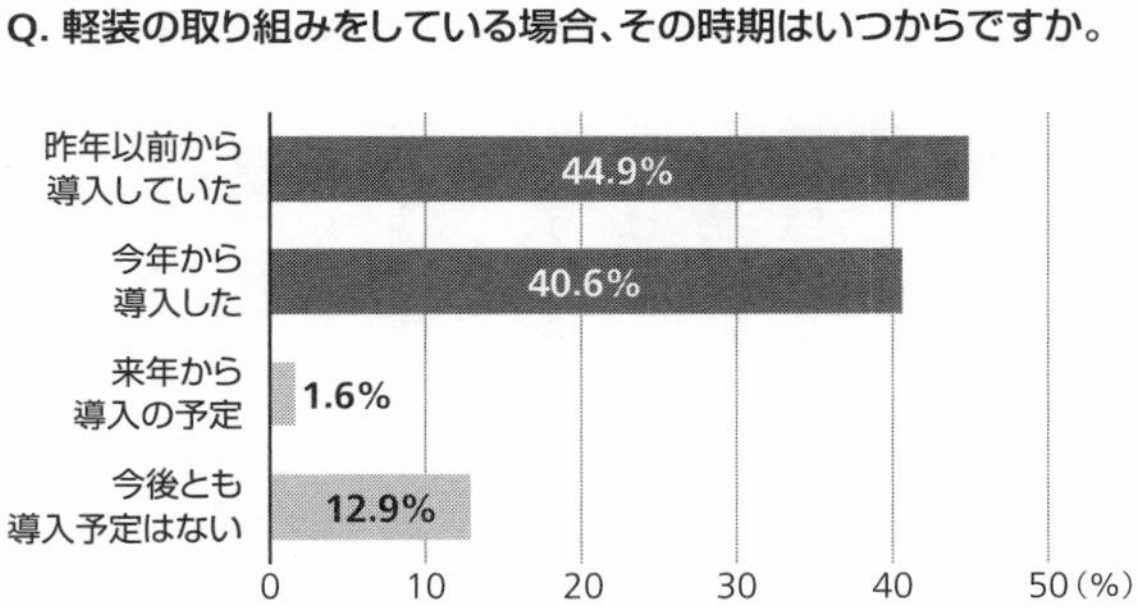

図●約85%の企業が「軽装」を実施。このうち約40%はこの年（2005年）から導入している。

出典：2005年（社）日本経済団体連合会「今夏の冷房温度調節等に関するアンケート調査結果」より

民間企業に広がったことが示されました。

また、電気事業連合会はこの「クールビズ」によって、２００５年６〜８月に電力10社合計で７・９万トンの二酸化炭素（CO_2）の削減効果や、販売電力量が２億１０００万キロワット時減る節電効果があったとの試算を発表しています。

さらに、「クールビズ」用の衣服がよく売れたといった経済効果があったとも言われています。そして、２００５年の暮れには、『現代用語の基礎知識』選の「新語・流行語大賞」のトップ10に入賞しました。

「省エネルック」はなぜ流行らなかったのか

「クールビズ」が急速に普及したのはなぜなのか、その理由を考えてみます。一つには、政府が運動を推進し、それに民間が応えていったことが挙げられます。

しかしながら、政府の運動が必ずしも成功するわけではありません。1979年の第2次石油危機の際に、大平内閣によって通産省（現・経済産業省）が提唱した「省エネルック」は流行りませんでした。半袖スーツに代表されるような格好が不評だったこともありますが、「省エネルック」という命名にも原因があったのかもしれません。

広告というのは新しさを感じさせることが重要であり、そのために適度に分からない言葉で引き付けることが効果的であると言います。命名も広告と同じことが言えるでしょう。「省エネ」は直接的すぎる表現であり、また「○○ルック」という言い方は既に使い古された陳腐な感じが漂っていたと思われます。

それに対し、「クール」は「涼しい」や「格好良い」という意味を持つ、イメージの良い言葉です。「ビズ」は「ビジネス」の略語として日本ではまだ余り使われていなかった新鮮な言い方でした。これらを合わせた「クールビズ」という言葉には、きりりとした語感の良さもあり、正にしゃれた新鮮な響きが感じられます。

事実、「クールビズ」の成功は命名の良さにあるとも言われています。公募の選定を行った審査委員会はデザイナーらで構成されていたそうです。そもそもファッション業界では外来語が多用されています。得意な外来語で命名することが功を奏したようです。ファッション業界がこのネーミングの成功に商業活動をうまく連動させて盛り上げていったことも、この「クールビズ」を一気に浸透させた大きな要因だったと言えるでしょう。

外来語による命名は、既にあったものの言い換えにも用いられています。例えば、「公共職業安定所」は1990年に「ハローワーク」と命名され、以来その名称が定着しています。直接的な言い方ではなく、「ハロー」には明るい語感があります。これらが功を奏し、以前の「職安」に比べて堅苦しさがとれ、親しみやすくなったと言えます。

一方、かつて「国電」の言い換えに提案された「E電」は余りに分かりにくく、語感の悪さが感じられたためか定着しませんでした。

命名には語感の良い魅力的な語を使うことが重要です。外来語が命名にうまく活用される場面は今後もありそうです。

日本語を学ぶ外国人にとって、外来語は学びにくいものですか

回答＝金田智子

「ナイター」が「night game」と知って外国人はびっくりする

外来語は日本語学習者にとって悩みの種であると言われます。例えば、「ラジオ」は「radio」と発音がかなり違いますし、「チーム（team）」と「ティー（tea）」のように、同じ tea でも発音も書き方も異なります。

また、「マンション」から、英語の「mansion（邸宅）」を期待する、「ナイター」が「night game」と知り、驚くというような話も聞きます。外来語の発音、書き表し方、意味、そして和製英語は、日本語学習者を戸惑わせるようです。

一方、外来語には英語起源のものが多く、英語が分かる学習者には理解しやすいが、そうでない人には難しいという意見もあります。では、外来語は日本語を学ぶ上で特別な困

難点になったり、またある人たちにとっては有利に働いたりするものなのでしょうか。

外国人の日本語能力を測定する「日本語能力試験」の出題基準[*1]では、初級相当の４級に外来語は63語挙がっています。３級１０９語、２級３２６語、上級の１級で５３３語です。漢字の場合、４級１０３字、３級２８４字、２級１０２３字、１級２０４０字ですから、この数に比べると、外来語が特別な支障とは考えられません。

また、先述したように、英語話者にとって有利なものとも言い切れません。そして、英語から外来語を多く取り入れている言語（韓国語等）の話者にとっても、利点と困難点があります。

外来語は日本語学習を特に困難にするものでもなく、ある学習者には困難で、ある学習者にはそうではない、と簡単に言えるものでもありません。どんな学習者にとっても、和語や漢語と同様に一つ一つ理解し覚えていかなくてはならない存在なのです。

「team」がチーム、「tea」がティーになるのはなぜ?

ただ、だからといって、すべて暗記するしかないということではなく、ある程度、体系的に覚えていくことは可能です。

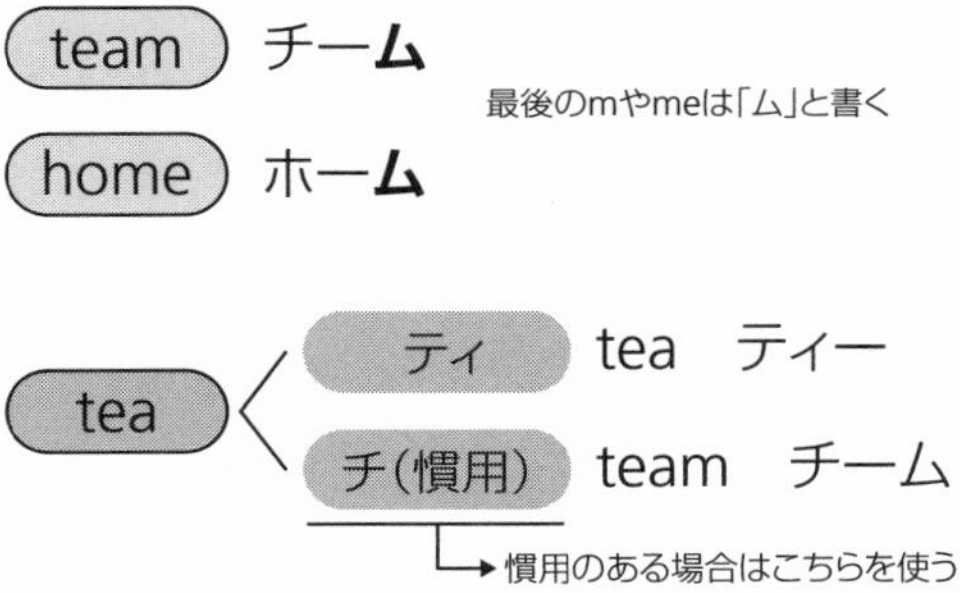

図●外来語はある程度、体系的に覚えていくことが可能

例えば、英語の「team」や「home」なら、最後のmやmeは「ム」と書きます。また、teaが「チー」「ティー」の両方になり得ることについては、平成3年の内閣告示「外来語の表記[*2]」で、外来音ティに対応する仮名として「ティ」が示され、「チ」と書く慣用のある場合は、それによるとしています。そのため、紅茶を外来語で表すときは、外来音を表す「ティー」を用い、「team」は長く続く慣用により「チーム」とするということなのです。

しかし、こういったことを取り上げている教材はほとんどありません。現在使われている外来語の発音や書き表し方について、すべてを体系付けて教えることは困難ですが、よく使用される外来語についてはその規則性を明らかにし、それを外来語の学習上の助けとなるように、学習者に示していくことはできるでしょう。

ところで、教材はなくても、外来語にうまく対処している人は少なくありません。外来語をどう使うか迷う段階、英単語を外来語的に使って会話を続ける段階、「テイクアウト」の代わりに「持ち帰り」と言い、外来語を避ける段階などを学習者はたどるようですが、多くの学習者は、次第に日本語式の発音や、書き表し方の規則性を身に付けていきます。

また、学習する日本語の中に自分が知っている言葉を発見し、面白がる人もいます。これは、外国語を学ぶ日本人についても言えることです。英語を習い始めると、「door（ドア）」や「knife（ナイフ）」のように、日本語の中でよく使っている言葉、「tsunami（津波）」や「futon（布団）」のような英語になった日本語に出会います。これにより、その外国語に対して親近感が湧いたり、外国語習得という大きな山に少し手掛かりができたように感じたりする場合があるのです。

こういった学習者の取り組み方や習得の様子を意識しつつ、日本で生活する上で必要な外来語、ある分野で必要となる外来語、といったものを収集・整理すること、そして、それらを学ぶための教材等が開発されることが望まれます。

＊1―国際交流基金・日本国際教育支援協会（２００２）『日本語能力試験出題基準（改訂版）』凡人社。尚、２０１０年より新しい日本語能力試験が始まっており、出題基準は出版されていません。

＊2―文化庁「外来語の表記」(https://www.bunka.go.jp/kokugo_nihongo/sisaku/joho/joho/kijun/naikaku/gairai/index.html)

外来語をカタカナで書くのはいつから、どのように始まったのですか

回答＝山田貞雄

江戸時代は平仮名や漢字で書いていた

外来語が現代のように日々流入して世の中に氾濫《はんらん》し、そこここに意味の分からないカタカナ語があふれかえっている状況は、今までの日本語にはなかったこと、と言ってよいでしょう。

一方、カタカナで書かれた外来語の例を、時代をさかのぼって求めると、江戸時代の学者の中に、外来語が日本語とは別の出自のものだ、という明確な意識を持って、書き分けた例があったそうです。

しかしそういう例はむしろ珍しく、現代に比べて当時の日本語の中で外来語は数少なかった上、日本語に馴染んだとたんに、違和感なく平仮名や漢字で書かれていたのです。例えば、「煙草《たばこ》」や「襦袢《じゅばん》」のように、近代以前に日本語の中に入って漢字表記が定着した

外来語は、現代でもしばしば漢字や平仮名で書きます。

明治期から段々に、新しい外来語を日本語に取り入れる際にカタカナで書くことが増え、大正・昭和期には漢字で新しい外来語を書くことはほとんどなくなりました。

カタカナは「おと」を目立たせることができる

一方、漢字文化圏でない、主として西洋の人名や地名を漢字だけで表記することは、中国の音訳表記（中国での漢字音を外来語の発音にあてた書き方）として漢文から日本語の中に入りました。

そもそも漢文を日本語として解読したときに施す訓点の一つとして、固有名詞の箇所には、該当の漢字に連続の線や傍線を引いて、更に地名と人名の区別を線の数などで区別する工夫が伝統的にされていました。

このことは、当初漢文の白文を訓読するときに付す訓点に始まりました。それが版本などで前もって訓点のついた本文を読むようになり、ひいては漢文に限らず、漢字仮名交じりの普通の文でも、同じように傍線などで固有名詞を目立たせることが行われました。この方法は、明治期の外国の地名や人名が多く出てくる、専門書や翻訳小説などにおいて行われました。

さて現代日本語の表記中、カタカナで書くのは、外国語や外来語と、擬音擬態語、動植物名などの特殊な語に限られています。それらの語でカタカナが果す最大の役割としては、「おと」を目立たせ、周囲の語よりはっきりと表すことができる、ということがあります。

現代日本語は、漢字平仮名交じりで表記されるのが通常で、その中で、カタカナはそこにあるだけで目立つ存在です。それらの特別な語に限っては、他とは別の語種で、発音も特別だということを端的に表していると言えます。

その意味では、漢文の訓点で固有名詞を目立たせ、外国地名や外国人名にも盛んに線引きが行われたことと、原理や役割は同じと言えましょう。

「エンターテインメント」が「エンターテイメント」「エンタメ」といったいろいろな語形で使われるのはなぜですか

回答＝前川喜久雄

[n]なしの発音は英語でも使われている

まず「エンターテイメント」を考えます。質問の主旨は英語の原語に存在する「ン」がなぜ脱落するのかという点にあるのだと思います。しかし、実は英語においても［n］なしの発音が普通に行われています。

英和辞典の発音項目を読んでみてください。中辞典クラスのものであれば、この語の発音として、［entɚteɪnmənt］だけでなく［entɚteɪmənt］も示している辞書が多いと思います。後者の発音を日本語に引き写せば「エンターテイメント」になります。

類例には「任命」「仕事量」「宿題」などを意味する「assignment」があります。この語にも英語として［əsaɪnmənt］と［əsaɪmənt］の二つの発音があり、日本語の外来語としても「アサインメント」と「アサイメント」の両方が使われるようです。

エンター**テイン**メント　[entɚteɪnment]

エンター**テイ**メント　[entɚteɪment]

英語においても[n]なしの発音が普通に行われている。

エンター**テー**メント

現代日本語では「エイ」という母音連鎖を
「エー」と長母音に発音する傾向がある。

図1● entertainmentをどう発音するか

　また、質問にはありませんでしたが、この語には「エンターテーメント」という発音もあります。この語形が生じる原因は英語とは関係ありません。現代日本語で「エイ」という母音連鎖を「エー」と長母音に発音する傾向を反映したものだからです。「映画」を「エーガ」、「先生」を「センセー」、「その所《せ》為《い》で」を「ソノセーデ」と発音するのと同じく、「テイメント」を「テーメント」と発音したわけです。

略語がなぜ「エンメン」でないのかは不明

　次に「エンタメ」を考えてみましょう。少し前まで辞書には載っていませんでしたが、その時代からインターネットの世界では広く用いられている語形です。この語の場合、明らかに省略が行われている点に特徴があります。

日本語では、「自由民主党（ジ｜ユ｜ウ｜ミ｜ン｜シュ｜ト｜ウ）」（8拍）が「自民党（ジ｜ミ｜ン｜ト｜ウ）」（5拍）に、「東京証券取引所」（13拍）が「東証」（4拍）に縮約されるように、拍数の長い語が盛んに省略されます。

略語を作り出す方策は単純ではありませんが、語や句を意味上のまとまりに従って複数のグループに分割し、各グループの冒頭を取り出して結合するのが基本的な方策です。先の「自民」「東証」の他、「家裁」（家庭裁判所）、「公取」（公正取引委員会）、「独法」（独立行政法人）、「棚ぼた」「やぶへび」など、幾らでも例を挙げられます。

この方式の略語は、「デジカメ」（デジタル・カメラ）、「ブラバン」（ブラス・バンド）、「メントレ」（メンタル・トレーニング）、「ブラピ」（ブラッド・ピット）のように外来語でも多数派です。これらの例からは、ほとんどの場合、取り出されるのは各グループ冒頭の2拍であることも分かります（「ブラピ」では2拍と1拍になっていますが、これは日本語では促音で終わる語が安定して存在できないため、「ピッ」が「ピ」になったものと考えられます)。

「エンタメ」は、「エンターテインメント」若しくは「エンターテイメント」に、グループ分割に基づく略語法を適用して生まれた略語だと解釈できます。

つまり、「エンターテイ(ン)・メント」を・の位置で2グループに分割し、第1グループの冒頭3拍と第2グループの冒頭1拍を取り出して結合したのが「エンタメ」だという解釈です。

ただしこの解釈には、なぜ普通に2拍を取り出して「エンメン」とせずに、3拍と1拍なのかという疑問が残りますが、これについては理由がよくわかりません。ちなみに1968年に米海軍の原子力空母「エンタープライズ」が佐世保に寄港するのを反戦派の学生が阻止しようとした事件は「エンプラ」事件でした。この場合は「エンター・プライズ」と分割したうえで冒頭2拍の規則に従っています。

テレビ番組から認知度の上がった語形「エンタ」

外来語の略語を作る方法として余り一般的ではありませんが、「コンペ」(コンペティシ

①語や句を意味上のまとまりに従って複数のグループに分割する
②各グループの冒頭を取り出して結合する

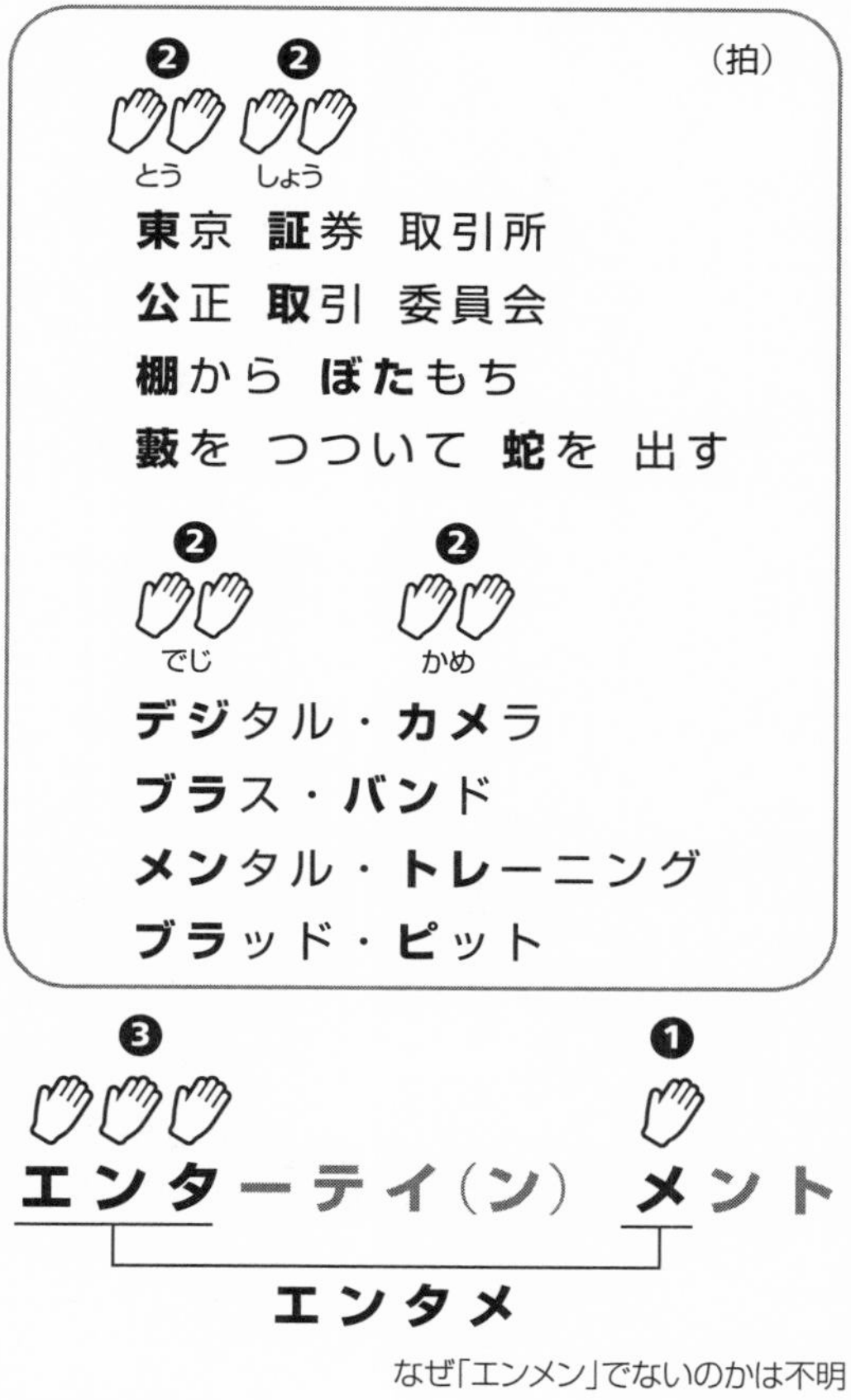

図2●略語を作る方法

ヨン）、「シンクロ」（シンクロナイズドスイミング）[*1]、「パンフ」（パンフレット）、「サプリ」（サプリメント）のように、意味の切れ目を無視して語句の先頭を取り出すやり方もあります。この方法を「エンターテイメント」に適用してみると、「エンタ」「エンター」「エンタテ」などの語形が得られます。

さて、こうした語形は本当に存在しているでしょうか？　２００３年から「エンタの神様」というテレビ番組が放送されたことにより、「エンタ」の存在が世に知られました。そして、「エンター」と「エンタテ」についても、インターネット上の用例を丁寧に見てゆくと、「エンターテイメント」の略語として用いられていることを確認できます。興味のある方は是非、検索エンジンで調べてみてください。

＊1—現在の呼称は「アーティスティックスイミング」。

「コンディション」には、「状態」や「調子」では言い表せない特別な意味があるのでしょうか

回答＝山崎誠

「コンディション」は結果のよしあしにかかわる

国語辞書の中には「コンディション」の意味を単に「状態」「調子」に置き換えて済ませてしまっているものもありますが、用例を観察すると、「コンディション」には次のような特徴があることが分かります。

「コンディション」と「状態」を比べてみると、「状態」が「健康状態」や「大気の状態」のように単に人やものごとのありさまを表すのに対し、「コンディション」は何かを行うことを前提としたありさまを表すことが多く、とくに、勝ち負けや成功不成功など、結果のよしあしが出ることがらに臨む際に使われるようです。例えば、スポーツの試合、コンクール、試験、手術などです。「コンディションを作る／整える」という言い方は何か前提とすることがあって初めて意味を持ちます。一方、「調子」と比べた場合、「調子」

は「胃腸の調子」「機械の調子」など、機能やはたらきに着目して使うことが分かります。

このように、「コンディション」は、日本語の中で「状態」や「調子」とは類義語の関係にあるものの、意味的に異なる独自の領域を占めていると言ってよいでしょう。

新しくやってきた語は既存の語と意味の差別化が進む

日本語には数え方にもよりますが、何万という語があります。これらの語はばらばらに存在するのではなく、似た意味の語同士がそれぞれにまとまりを作っているという考え方があります。このまとまりのことを語彙《ごい》体系と言います。

語彙体系は固定的なものではありません。どのような観点から意味をとらえるかによって、異なる語彙体系を考えることができます。

例えば、「魚」は、食べ物としては「肉、野菜、パン」などと一緒の語彙体系を作りますが、生き物としてとらえると「鳥、獣、虫」と語彙体系を作ります。

また、新しい語が語彙体系に加わったり、語彙体系の中で語の意味関係が変化したりすることも珍しくありません。その意味で語彙体系は緩やかなものであると言えます。

新しく語が取り入れられるときは、この語彙体系の中のどこかに位置付けられることになります。言葉の効率的な運用のためには、すべての語は意味が多少なりとも違っていると考えるのが妥当ですから、そこで既存の語との住み分けが起こります。

外来語の多くは、既にあった和語や漢語のグループの中に新規の語として入ってきたわけですから、意味の似た和語や漢語との間で差別化が積極的に行われていると考えられます。

外来語として取り入れられる三つのパターン

外来語が取り入れられる背景には主に三つのことが考えられます。まず、それまでになかった事物や概念を取り入れたものです。例えば、「インターネット」「コンビニエンスストア」「ラッキーセブン」などです。これらは語彙体系の中の空所を埋めるものと言えます。

次に、新しさを積極的に打ち出すために取り入れられた外来語です。これらは新鮮な感じを出すために文体的な差を積極的に生かして使っているものです。例えば、「ショッピング」「リビングルーム」「ストラテジー」（戦略）などです。語彙体系の中に、ほぼ同じ意味の類義語があるため、新規さが際立つことになります。

●それまでになかった事物や概念

インターネット
コンビニエンスストア
ラッキーセブン　など

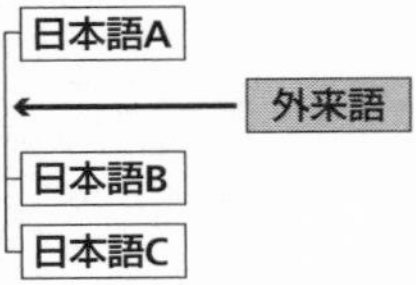

●新しさを積極的に打ち出すために
取り入れられた外来語

ショッピング
リビングルーム
ストラテジー　など

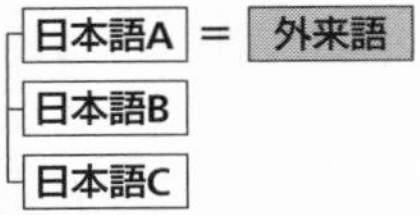

●独自の用法として差別化する
必要から取り入れられたもの

サポーター
イリュージョン　など

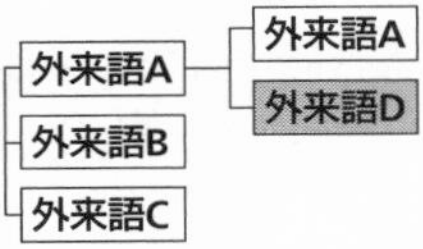

図●外来語の取り入れられ方

最後に、独自の用法として差別化する必要から取り入れられたものがあります。これらの語には語彙体系をより詳細にして、表現の幅を広げる効果があります。例えば、主にサッカーのファンを指す「サポーター」という語があります。「ファン」は、スポーツに限らず、芸能人についても使いますが、「サポーター」は特定のサッカーチームを応援する人のことで、「ファン」に比べると限定的な用法になっています。

また、ショーアップした大掛かりなマジックを「イリュージョン」と言うことがありますが、これは既存の「マジック」という語では言い尽くせないものということで使われ出したものでしょう。外来語同士でも意味の住み分けが起きていることが分かります。

*金愛蘭（２０１６）「語彙の周辺部から中心部へ『進出』する外来語：二〇世紀後半の書きことばにおける『抽象的な外来語の基本語化』」『日本語学』第35巻第7号、pp.12-22、明治書院
*国立国語研究所「外来語」委員会編（２００６）『外来語言い換え手引き―分かりやすく伝える』ぎょうせい

「シミュレーション」が「シュミレーション」と発音されるのはなぜでしょうか

回答＝丸山岳彦

ゼーイン、ジギョー、ユイツ……発音はゆれる

英語の綴りは simulation ですから、正しいのは「シミュレーション」です。しかし、日常生活の中では、「シュミレーション」という発音や表記に接することも少なくありません。このような音の変化は、なぜ起こるのでしょうか。音の変化には、他にどのような種類があるのでしょうか。例を挙げながら見ていきましょう。

話し言葉の中では、ある言語表現が本来とは異なる形で発音される場合があります。それが単なる一時的な発音誤りではなく、多くの人によって繰り返し使用される形である場合、それらは「発音のゆれ」と考えられます。「ゆれ」とは、ある一つの言語表現が複数の実現形式を持ち、それらが併存している状態を指します。

『日本語話し言葉コーパス』の中で観察された例を、以下に挙げてみます。本来とは異な

る形で発音されている語を、カタカナで示します。

1　その場にいた人ゼーインに電話をして
2　大学のジギョーが終わってから
3　（まー）ユイツ気に入らないっていうのが
4　家庭のセンタッキで洗うのには
5　言葉以外のコミニュケーションにも慣れて

これらの語は、それぞれ「ゼンイン（全員）」「ジュギョー（授業）」「ユイイツ（唯一）」「センタクキ（洗濯機）」「コミュニケーション」というのが本来の発音だと考えられます。ところが、発話者が発声を規則的に怠けたり、一定の環境において音の変化が体系的に生じたりすることによって、前述のような「発音のゆれ」が生じるわけです。

では、1から5のような発音は、実際にどれくらい現れているのでしょうか。『日本語話し言葉コーパス』の「コア」と呼ばれる、約45時間、50万語分のデータを検索すると、次ページの表のような結果が得られました。表中の数値はコーパス中の出現数を表します。

	本来の発音			本来とは異なる発音		
1	ゼンイン	4	19.0%	ゼーイン	17	81.0%
2	ジュギョー	36	64.3%	ジギョー	20	35.7%
3	ユイイツ	3	23.1%	ユイツ	10	76.9%
4	センタクキ	1	16.7%	センタッキ	5	83.3%
5	コミュニケーション	3	50.0%	コミニュケーション	3	50.0%

『日本語話し言葉コーパス』（コア）に現れた「発音のゆれ」の例

本来とは異なる発音がこれだけの割合で現れている以上、これらは単なる一時的な発音誤りではなく、異なる実現形式が併存していると考えてよいでしょう。

発音の変化をタイプ別に分類すると？

さて、音の変化の種類や特徴に注目すると、先ほどの1～5の例は以下のようなタイプに分類することができます。

（1）撥音《はつおん》（「ン」）が長音（「ー」）になる場合。

類例：「店員」→「テーイン」、「原因」→「ゲーイン」

（2）拗音《ようおん》（特に「ュ」）が脱落する場合。

類例：「出張」↓「シッチョー」、「手術」↓「シジツ」

（3）連続する同じ母音が単音化する場合。

類例：「体育」↓「タイク」、「第一」↓「ダイチ」

（4）kやsなどの子音（無声子音）に挟まれた母音が脱落する場合。

類例：「満足感」↓「マンゾッカン」、「大仏さん」↓「ダイブッサン」

（5）前後の音が入れ替わる場合。

類例：「雰囲気」↓「フインキ」、「フェミニズム」↓「フェニミズム」

この他にも、ワ行が長音化する場合（「柔らかい」↓「ヤーラカイ」、「行われている」↓「オコナーレテイル」）、外来語の清音と濁音が入れ替わる場合（「バドミントン」↓「バトミントン」、「人間ドック」↓「人間ドッグ」）など、音の変化にはいろいろなパターンがあります。

さて、表題にある「シミュレーション」↓「シュミレーション」は、「（5）前後の音が入れ替わる場合」に該当します。前後の音が入れ替わるこの現象は、「音位転換(metathesis)」と呼ばれます。特にこの場合は、別に存在する「趣味（シュミ）」という語の発音に引きずられて、「シュミレーション」と発音してしまったのかもしれません。このようなケースは「類音牽引《けんいん》」と呼ばれます。「日本道路公団」を「日本ロード公団」と言ってしまうような場合も、これに当たります。

音位転換は、基本的には言い誤りの一種ですが、誤りだったはずのものが正しい形と見なされるようになる場合もあります。例えば、「新しい」と「新たな」は、前者が「アタラ」、後者が「アラタ」で、音位転換が起きた例です。元々は「アラタし」だった語が、平安時代に起きた音位転換で「アタラし」と変化し、それが定着した後、現在に至ります。

また、子どもの言葉の中にも、音位転換がしばしば観察されます。「握手」→「アシュク」、「作る」→「クツル」、「柔らかい」→「ヤラワカイ」、「楽譜」→「ガフク」などは、私の娘が2歳のころに頻繁に発していた音位転換の例です。また、私の小学校時代の恩師によると、6年生の歴史の授業中、私は「藤原鎌足《かまたり》」を「藤原のかたまり」と何度も言っていたそうです。

＊北原保雄編（2004）『問題な日本語』大修館書店

＊寺尾康（2002）『言い間違いはどうして起こる？』岩波書店

第6章
歴史で読み解く日本語のフシギ

新しい元号が「令和」になりましたが、日本の元号に言葉の規則性はありますか

回答＝窪薗晴夫

言語学的には予想通りだった「令和」

２０１９年４月１日に新しい元号「令和」(Reiwa) が発表されました。「令和」ははじめて漢籍ではなく国書（今回は『万葉集』）から選ばれたということで、新聞等では「元号１３００年の転換」などと話題になっていましたが、言葉のリズム（韻律）という点から見ると、これまでの伝統からはずれるものではありません。むしろ言語学的には予想通りの元号であり、これまでの元号と同じようにリズミカルな構造を有しています。

元号のリズムを理解するためには、漢語の構造を理解する必要があります。元号は基本的に漢字２文字で、訓読みではなく音読みです。たとえば「明治」「昭和」は「あきはる」「あきかず」ではなく「メイジ」「ショウワ」となります。

音読みの漢字には昭和の「昭」のように２拍の長さのものと、「和」のように１拍のも

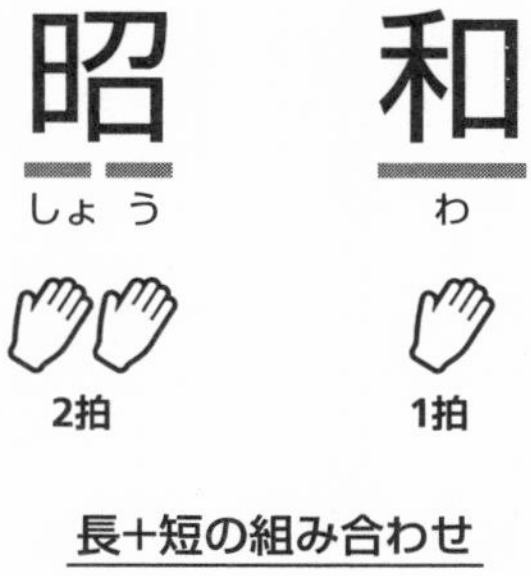

図1●漢語の構造と元号のリズム（拍）

のしかありません。2字漢語となると、2拍＋2拍、2拍＋1拍、1拍＋2拍、1拍＋1拍の4種類しか組み合わせがないのですが、過去の日本の元号は、この点において大きな偏りを示しています。

元号の韻律構造には特徴がある

250近い元号を調べてみると、その約7割が2＋2（長長）の構造のもので、それに続くのが2＋1（長短）の2割強です。これに対し、1＋2（短長）の元号（たとえば和同や治承）は全体の7％しかなく、1＋1（短短）に至っては皆無です。

さらに詳しく調べてみると、2＋2の元号の大半が、慶応、大正、平成のように（強弱強弱〕（○○○○）のリズムを持つものです（弱の部分は長音〈ー〉や撥音《はつおん》〈ん〉、促音《そくおん》〈っ〉、二重母音後半〈ぃ〉のような語頭に立ちえない音、すなわち言語学で特殊拍と呼ばれる弱い音です）。

また2＋1の元号のほとんどが、明治や昭和のように〔強弱強〕（○○○）という構造を持つものです。

つまり、過去の元号は2＋2と2＋1の2種類で全体の9割強を占め、その大半が〔強弱強弱〕か〔強弱強〕というリズムを持っています。

このように過去の元号は初めから構造的な偏りを示しています。2＋2が多いのは、音読み漢字の多くが1文字2拍であることによるもので、特に不思議な偏りではありません。つまり「和」のような1拍の漢字より「昭」のような2拍の漢字の方がはるかに多いのです。たとえば「国立国語研究所」という音読みの名前では、「国、立、国、研、究」の5つが2拍で、「語、所」の2つが1拍です。

注目すべきは長短（2＋1）と短長（1＋2）の差です。明治や昭和のような長短の元号があれば、治明や和昭のように短長の元号も同数あっておかしくないのですが、実際に

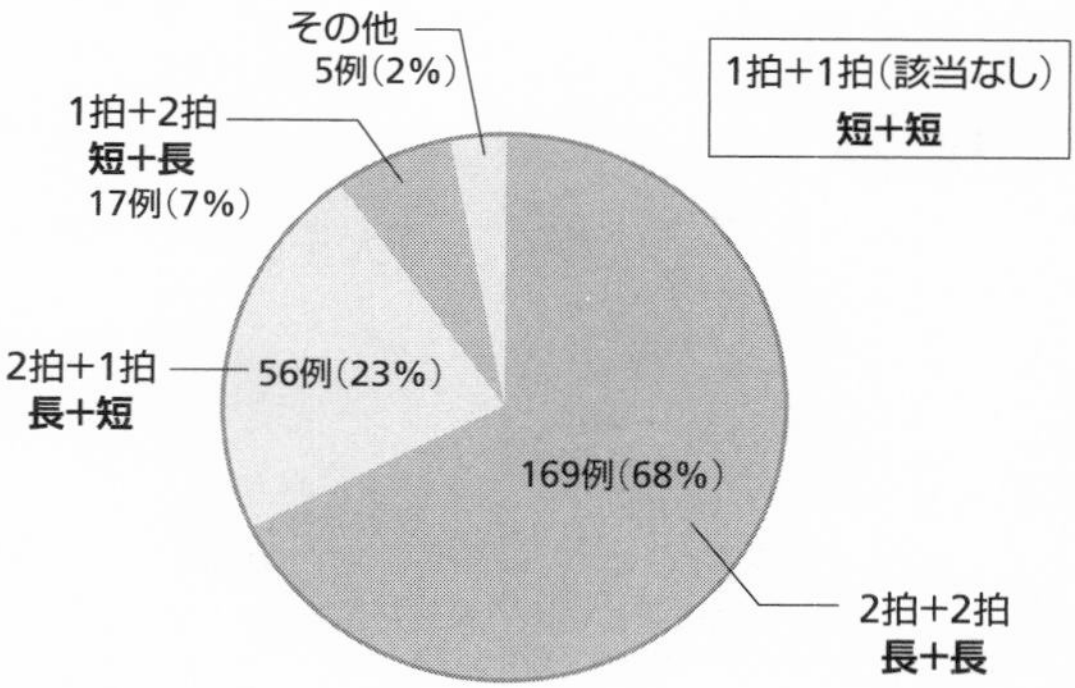

図2●元号のリズムの割合
過去の日本の元号247例を調べると、リズムに大きな偏りがあるようだ。

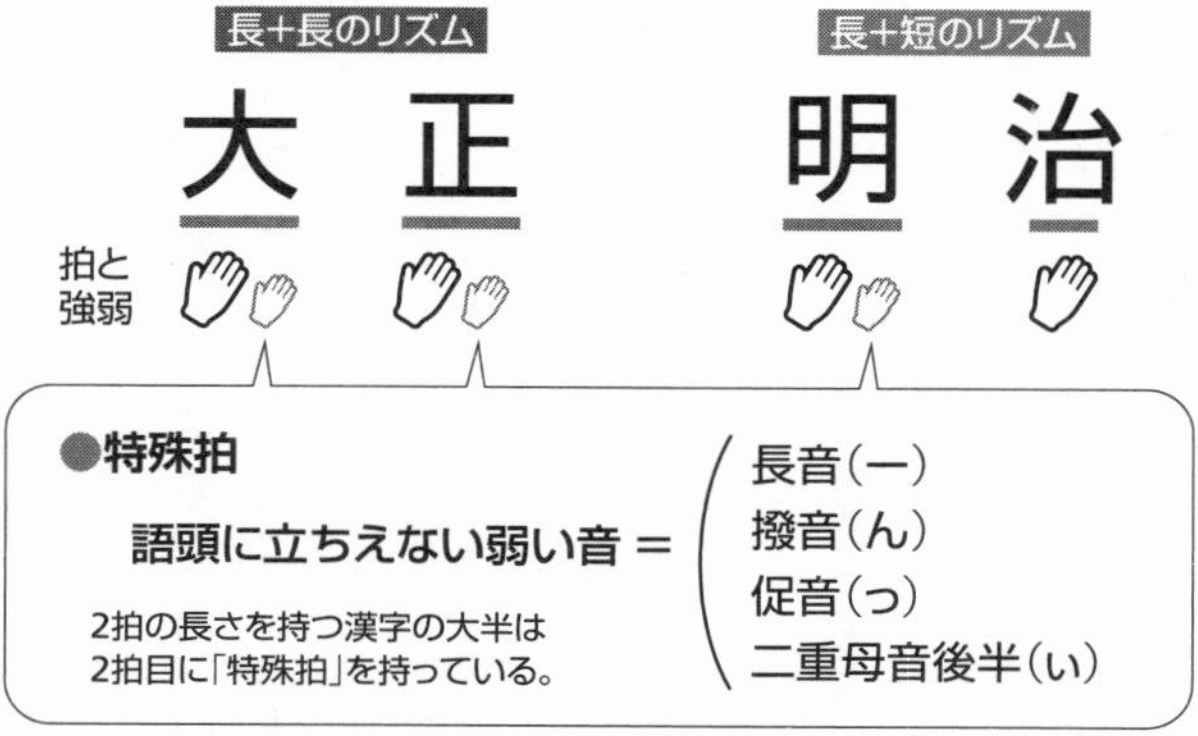

図3●元号の代表的なリズム
2＋2と2＋1の2種類で全体の9割強を占め、その大半が〔強弱強弱〕か〔強弱強〕というリズムを持つ。

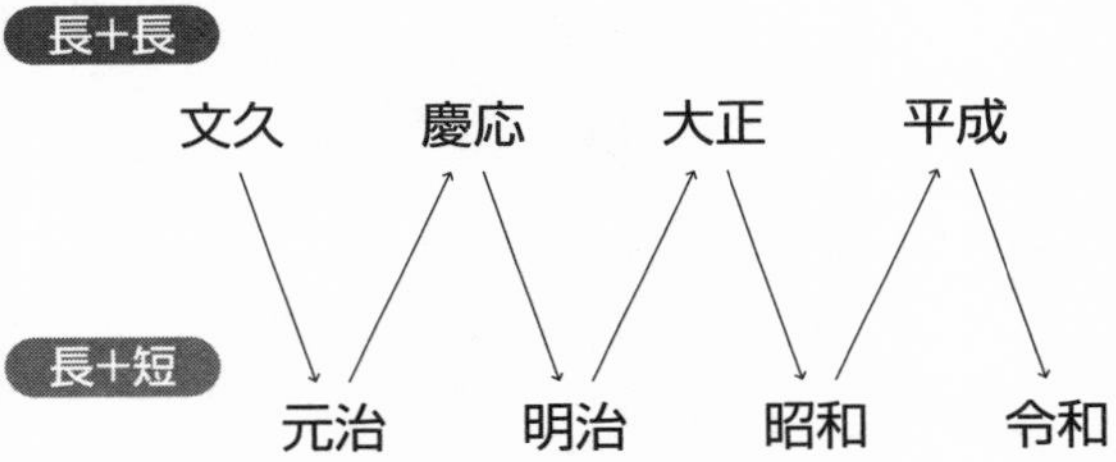

図4●過去160年間の元号の現れ方
長長と長短の元号が交互に選ばれている。

は両者の間に3倍強の開きがあります。

全体として2＋2と2＋1を好み、とりわけ〔強弱強弱〕と〔強弱強〕の2つのリズムを好むというのが、日本の元号の大きな特徴として浮かび上がります。

今回最終選考に残った6つの候補を見ても、令和、万和《ばんな》、広至《こうし》、久化《きゅうか》の4つが〔強弱強〕の長短リズム、英弘《えいこう》と万保《ばんぽう》の2つが〔強弱強弱〕の長長リズムであり、〔強強弱〕（つまり1＋2の短長リズム）や〔強強〕（1＋1の短短リズム）のものは皆無でした。

元号のもう一つの特徴は、過去160年間、上記の2種類の元号の現れ方に規則性が見出されるという事実です。文久（1861〜64

年）から元治、慶応、明治、大正、昭和、平成と続く中で、長長（文久、慶応、大正、平成）と長短（元治、明治、昭和）の元号が、交互に選ばれています。

この流れで行くと、平成に続く元号は、明治や昭和と同じ長短（強弱強）という構造を持つことが予想されました。「令和」はまさにこの予想通りの元号です。

「PPAP」も日本語が好む〔強弱強弱〕のリズム

ところで、〔強弱強弱〕の長長構造と〔強弱強〕の長短構造を好むのは、元号だけではなく、日本語の一般的な特徴です。

たとえば、赤ちゃん言葉はマンマ、オンブ、ダッコ、クック、バーバ、ジージのような長短（強弱強）の語と、ポンポンやブーブー、ハイハイ、ナイナイのような長長（強弱強弱）の語に二分されます。〔強弱強〕は出てきても、〔強強弱〕は出てこないのが赤ちゃん言葉の際立った特徴です。たとえば赤ちゃん言葉にバーバはありますが、ババーはありません。

また発音の変化を見ても、詩歌（しいか）や富貴（ふうき）、三つ（みっつ）、四つ（よ

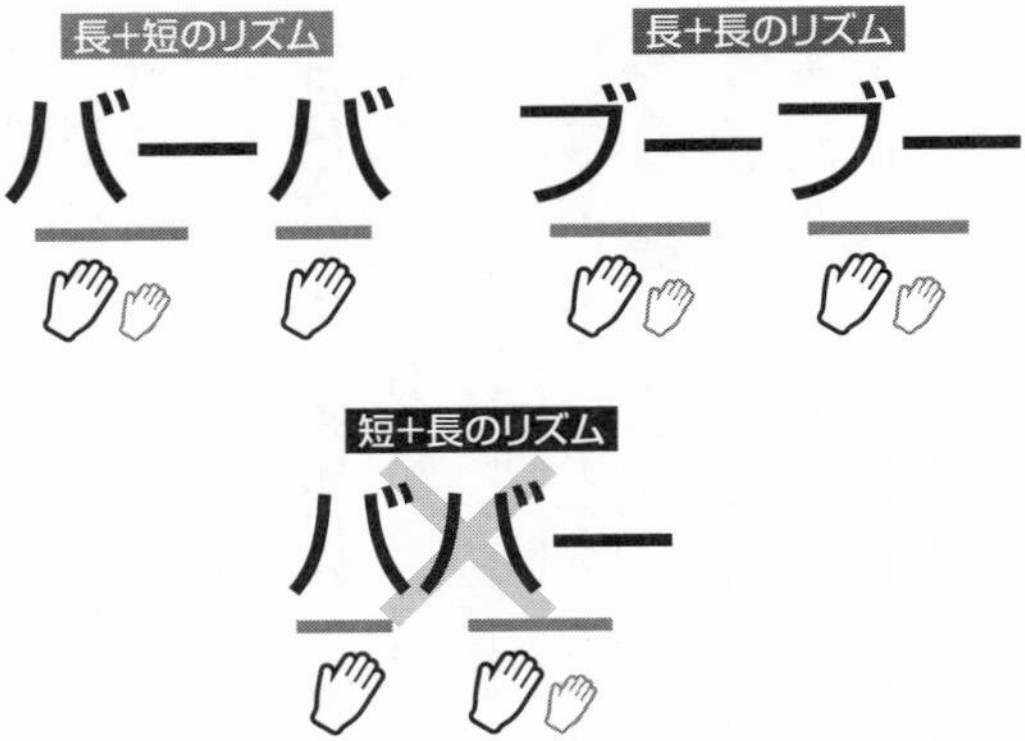

図５●日本語が好むリズム
〔強弱強弱〕の長長構造と〔強弱強〕の長短構造を好む。

っつ）などは母音を伸ばしたり促音（っ）を入れたりして、短短（強強）の構造から長短（強弱強）の構造を作り出しています。

漫画『ドラゴンボール』で、魔人ブウの生まれ変わりがウブではなくウーブと呼ばれるのも同じ現象です。野球の声援でも、阿部のような2拍の名前は、「かっとばせえ　あべー」ではなく「あーべ」と前の母音を長くして長短（強弱強）の構造が作り出されます。

一方、女王の発音がジョオーからジョーオーへ変化しつつあるのは短長（強強弱）から長長（強弱強弱）への変化です。〔強弱強弱〕のリズムも日本語では好まれており、たとえばピコ太郎の「ＰＰＡＰ（ペンパイナッポーアッポーペン）」は、見事なまでに〔強弱〕の連続です。

このように、日本語にはいたるところに〔強強弱〕を避けて、〔強弱強〕や〔強弱強弱〕を作り出す力が働いています。[*1]

このように見てみると、長短（強弱強）という構造を持つ「令和」は、これまでの元号の歴史と構造にも、また日本語のリズムにもとてもうまく合致していることがわかります。マスコミでは漢籍ではなく国書に由来するという点が、ことのほか強調されていましたが、言語学的に見ると新元号はこれまでの伝統を忠実に守っており、日本語が好むリズム構造と一致しているのです。

日本固有の文化を尊重するというのであれば、同じ漢字2文字でも、思い切って中国語の発音に基づいた音読みだけでなく、日本語独自の読み方（訓読み、和語読み）を模索するのも一つの道かもしれません。たとえば「大和」という漢字をヤマトと和語読みすると、これまでの音読みの元号とは一味違った新鮮な響き——短短短（強強強）のリズム——が出てきます。

レイワ？　レイワ？　アクセントはどうすべきか

最後に新元号のアクセントについて述べます。テレビを見ていると、「令和」を「明治」と同じ頭高《あたまだか》（高低低）のアクセントで発音している人と、「昭和」のような平板《へいばん》（低高高）のアクセントで発音している人に、二分できるようです。政府やマスコミ関係者は前者が多く、一般市民は後者が多いような印象を受けます。

言語学的にはどちらが正しいということはありませんが、一般に２字漢語はその構造によって、アクセントが決まるという傾向が見られます。

元号に限らず、２＋１の構造を持つ３拍漢語の約８割は、頭高アクセントで発音され（たとえば政府、文化、詩歌など）、一方２＋２の漢語の多くは、平板アクセントで発音されています（たとえば構造、伝統、傾向など）。

この傾向は過去の元号の発音にも現れており、「大化、元治、明治」など２＋１のものは頭高がほとんどで、一方「応仁、大正、平成」など２＋２のものは平板が多いのです。その例外となるのが「昭和」であり、これは「大化」や「明治」と同じ２＋１の構造でありながら平板で発音されています。

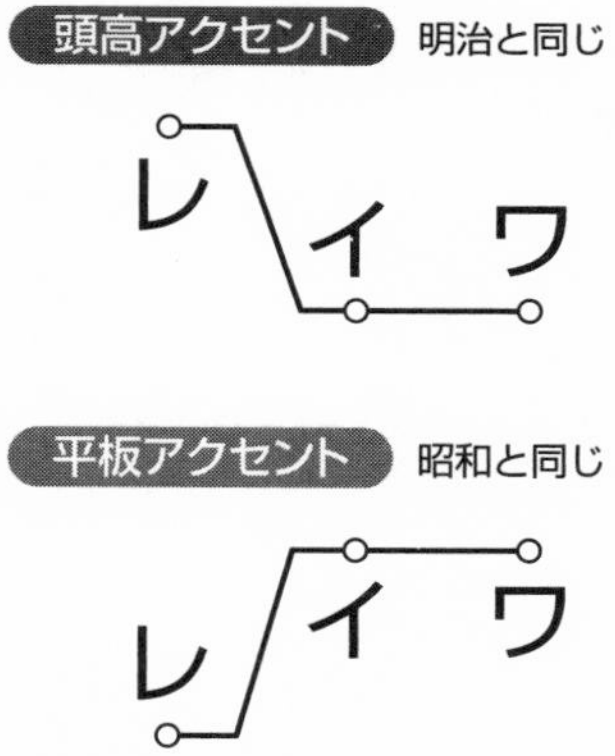

図6●令和のアクセント

なぜ「昭和」が例外的なアクセントを持つのでしょうか。この問いに答えるのはむずかしいのですが、一つの可能性として考えられるのが「和」です。

普通名詞を見ても「平和、温和、緩和、漢和」のように、「○和」の語は平板アクセントが多く、また過去の元号でも「明和、永和、弘和」のように「○和」のものは、頭高と並んで平板も許容するようです。

一般に標準語のアクセントは最後の要素によって決まるという原則がありますので、「和」が平板アクセントを作り出すと考えてもおかしくありません。「令和」が「昭和」と同じアクセントで発音されても不自然ではないのです。

また、標準語の名詞は馴染み度が高くなるにつれて、平板化する傾向があることを考えると、「令和」という元号も、人々の中に定着するにつれて、徐々に頭高アクセントから平板アクセントへ推移していく可能性が高いと思われます。

＊1―窪薗晴夫（2017）『通じない日本語―世代差・地域差からみる言葉の不思議』平凡社新書

漢字はいつから日本にあるのですか。それまで文字はなかったのでしょうか

回答＝斎藤達哉

文字を持たない言語が圧倒的に多い

日本語は、当初は文字を持っていませんでした。文字は言語を記録するために後から誕生するものです。したがって、日本語に限らず、どの言語も最初から文字を伴っていたわけではありません。

現在、地球上に存在する言語の数は諸説あって、３０００とも５０００とも、あるいは６５００、８０００とも言われています。これは、数え方の基準の違いによるものですが、いずれにしてもかなり多くの言語があることが分かります。一方で、文字を持っている言語は４００程度と言われており、文字を持たない言語の方が圧倒的に多いことが分かります。

言語が文字を獲得するには、どのような方法があるのでしょうか。新たに作り出すか、他の言語で既に使われている文字を借りてくるかの二通りの方法が考えられます。そして、文字を持っている言語の多くは、借りてくるという方法によって表記体系を作り出しています。

日本語の場合も、他の言語で使われている文字を借りてくるという方法によって文字を獲得しました。そして、最初に借りてきた文字が「漢字」だったのです。

日本語では、漢字を表語文字として使うほかに、漢字をもとにした表音文字（平仮名・片仮名）も作り出しました。現代日本語は、「漢字仮名交じり文」ですが、表語文字と表音文字の二つの文字を交ぜて使っている言語は珍しいと言えます。

日本語を話す人々が漢字に最初に出会った時期は、金印（福岡県福岡市の志賀島《しかのしま》出土）や銅銭（長崎県対馬市のシゲノダン遺跡出土）などから、1世紀ごろと推定されています。いずれも中国大陸で製作された品で、金印には「漢委奴国王《かんのわのなのこくおう》」、銅銭には「貨泉」という漢字が記載されています。

5世紀ごろになると、日本で製作された鉄剣や銅鏡に、日本の地名や人名が漢字を用い

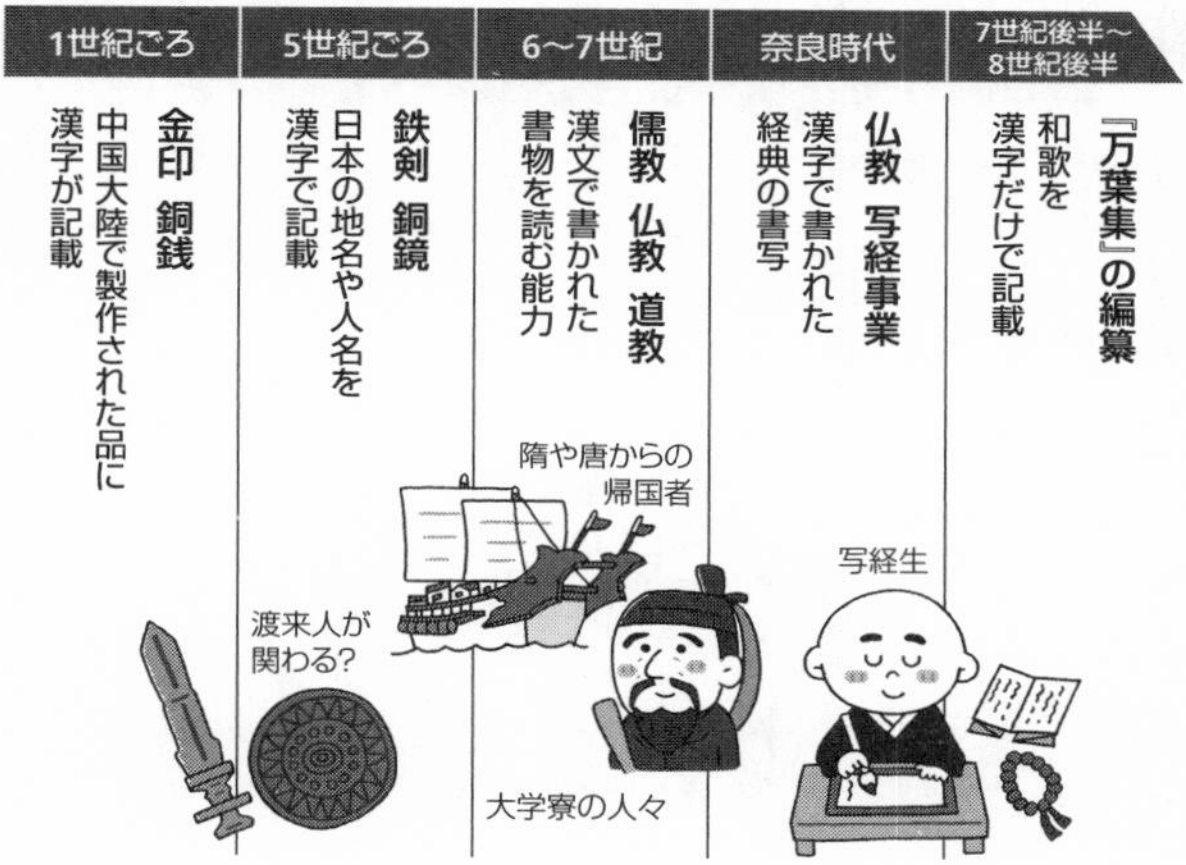

て記載されるようになります。

稲荷山古墳（埼玉県行田市）出土の鉄剣の銘文には「乎獲居（ヲワケ）」「意富比垝（オホヒコ）」という人名、「斯鬼（シキ）」という地名が刻まれています。江《え》田《た》船山《ふなやま》古墳（熊本県玉名郡和水《なごみ》町《まち》）出土の鉄剣の銘文や、隅田八幡神社（和歌山県橋本市）伝来の銅鏡にも人名・地名が漢字を用いて記されています。ただし、これらの品の製作には渡来人が関わっていた可能性が指摘されています。

漢字を読み書きできる人が増えたのは6〜7世紀

日本語を話す人々の中に、漢字を読み書きできる能力を持った人が増え始めたのは6世紀から7世紀になってからです。

日本では、6世紀から7世紀にかけて、中国大陸や朝鮮半島から儒教、仏教、道教を取り入れ始めました。こうした思想や宗教を摂取するためには、漢文で書かれた書物を読む能力が必要になりました。7世紀には、隋や唐からの帰国者や、大学寮で明経道を学んだ人々も含め、識字層が広がっていきました。

奈良時代になると仏教が盛んになります。聖武《しょうむ》天皇による大仏の造営はそれを象徴する事業ですが、それと並んで大規模な写経事業も行われました。官立の写経所が設けられ、写経生という人たちが、漢字で書かれた経典の書写を行っていました。例えば、「天平十二年五月一日記」の願文《がんもん》を巻末に持つ『岩淵本願経四分律』も写経所で書かれたもので、本文は漢字の楷書体が整然と並んでいます。

7世紀後半から8世紀後半になると、日本最古の和歌集『万葉集』が編纂《へんさん》されましたが、和歌も漢字だけで記されています。五・七・五・七・七という歌の1拍ごとの音を記す表記法（万葉仮名の音仮名）であっても、漢字という文字だけを使用しているのです。

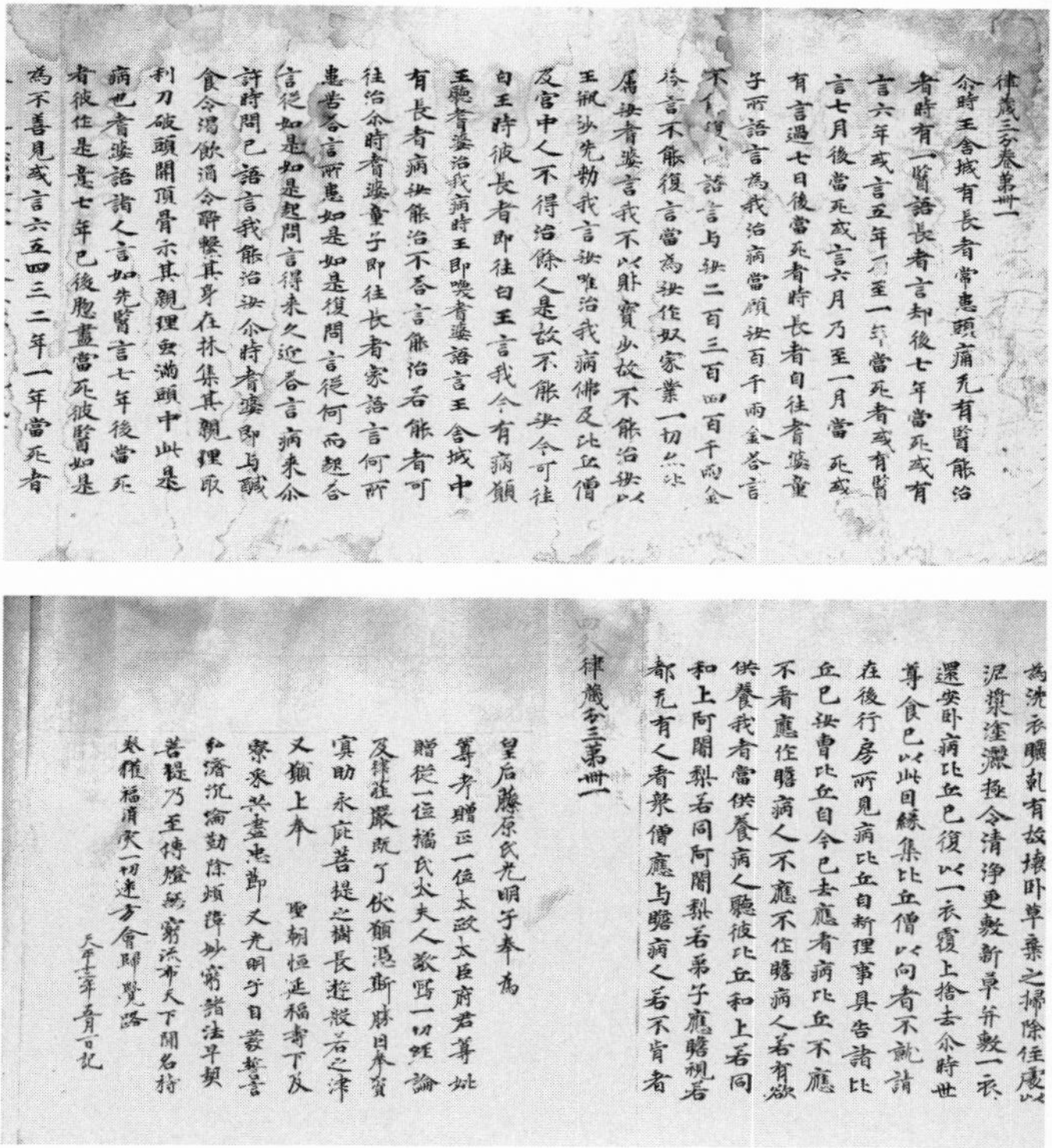

図●岩淵本願経四分律（執筆者蔵）
写経所で書き写されたもの。聖武天皇の后·光明《こうみょう》皇后の「天平十二年五月一日記」の願文を巻末に持つ、いわゆる「五月一日経」の一つである。本文の漢字は奈良時代に書かれたものであるが、弘仁·天長ごろ（9世紀）の訓点が書き込まれているため平安初期の日本語史料でもある。

余能奈可波　牟奈之伎母乃等　志流等伎子　伊与余麻須万須　加奈之可利家理
（よのなかは　むなしきものと　しるときし　いよよますます　かなしかりけり）
〔巻５・７９３〕

平仮名・片仮名が生み出される前の奈良時代は、「漢字の時代」だったと言えます。

＊大島正二（２００６）『漢字伝来』岩波新書
＊笹原宏之（２００６）『日本の漢字』岩波新書
＊専修大学図書館編（２０１５）『日本語の風景―文字はどのように書かれてきたのか』専修大学出版局

むかしの落書きにはどんなことが書かれているのですか

回答＝三上喜孝

手習い歌の原点「難波津の歌」と落書きのはじまり

むかしの人々も落書きをしたい衝動に駆られたようで、古い建築物の壁や柱などに落書きが残っていることがあります。国宝や重要文化財となっているような建物に落書きが書かれている事例もあるのです。

たとえば、奈良時代の初めに再建された法隆寺の五重塔には、「難波津《なにわづ》の歌」の落書きが書かれています。「難波津の歌」とは、『古今和歌集』仮名序で、紀貫之が「手習いの歌」として紹介している

「難波津に 咲くやこの花 冬ごもり いまは春べと 咲くやこの花」

という歌です。

この「難波津の歌」は、法隆寺だけでなく、発掘調査で出土する木簡に書かれている例

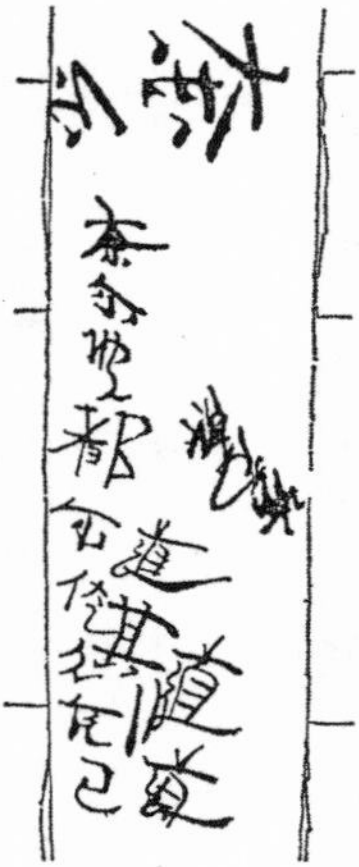

法隆寺 五重塔初層天井組子上面 落書（模写）
出典：（奈良県生駒郡斑鳩町）福山敏男『日本建築史研究 続編』p.21より

もあります。しかも、7世紀末の藤原京や8世紀の平城京といった都からだけでなく、徳島県徳島市の観音寺遺跡から出土した7世紀末の木簡にも書かれていたことが確認されています。

つまり7世紀末から8世紀にかけて、この歌が相当な勢いで各地に広まり、手習いの歌としてよく知られていたことがわかります。

当時はまだひらがながありませんでしたので、漢字の音を借りて日本語の音を表記する「万葉仮名」が用いられ、「奈尓波都尓佐久夜己乃波奈（なにわづにさくやこのはな）……」というふうに書かれていました。

古代においては、役人になろうとする人たちが必死に文字を学ぼうとしていました。落書きや木簡からは、そうした人たちが歌を通じて文字と格闘していた様子がうかがえます。

戦国時代は、生きた証として落書きを書いた

時代は下って16世紀後半、戦国時代頃になると、観音信仰の広まりとともに各地の観音堂に、参詣者たちが落書きを書くようになりました。その多くは、そこを訪れたしるしに自分の名前や居住地を書き付けたものですが、歌を書き付けたものもあります。

不思議なことに、各地の観音堂には、同じ歌が書き付けられています。

「書きおくもかたみとなれや筆のあと我はいづくの土となるらん」

という歌です。この歌は、歌集に収められているような有名なものではなく、なぜか観音堂の落書きにのみみられるのです。

自分の書いた文字が、形見となって残ってほしい、自分はどこで最期を迎えようとも、といった意味の歌です。この当時の人々は、生きた証として自分の書いた文字を残すために、観音巡礼をしながら、各地の観音堂に同じ歌を書き付けていたのです。

観音巡礼に訪れた人たちは、下級の武士など、文字にあまり習熟していない人たちでした。彼らはこの歌を覚えて、訪れた観音堂の壁に書き付けていたのです。それは、歌とい

うよりも、呪文のような感覚だったのではないでしょうか。

江戸時代初期の狂歌に、

観音の堂にうちふだ楽書を形見に残す諸国巡礼（池田《いけだ》正式《まさのり》）

という歌があります。これは観音巡礼に明け暮れる人々の様子を見事に活写した歌です。巡礼者たちは、「形見に残す」、つまり生きた証を残すために落書きを書いたと、ここでは歌っています。

「落書」ではなく「楽書」と書かれているのが面白いですね。

もともと中世には「落書《らくしょ》」という言葉があり、一般的には「匿名の投書・掲示等。時の政情や社会風潮を風刺・批判したり、犯罪の告発、特定個人に対する攻撃などの目的で作成し、公衆の目に曝すために、人目につく場所に落としたり、門や壁に掲示するなどしたもの」（『岩波日本史辞典』）を意味しました。

世相を風刺・批判したものをとくに「落書」と呼んでいたのです。いまでいう「落書き」とはちょっとニュアンスが違いますね。私たちがイメージする落書きは、むしろ「楽書」と書くべきかも知れません。

さて、ここまでみてくると、同じ落書きといっても、戦国時代の人々が観音堂に「かたみの歌」を書き付ける行為は、いまの不心得な人たちが観光地でいたずら書きをする行為とは、ちょっと意味が違う感じがすることに気づくでしょう。自分がそこを訪れた証、もっといえば生きた証として、自分の筆跡を残すために文字を書き付けたのです。

もしかすると、文字という表現手段を獲得したばかりの人たちが、文字に特別な力を感じて、自分の身代わりとして残そうとしたものが、この当時の落書きの意味だったのかも知れません。

＊三上喜孝（2014）『落書きに歴史をよむ』吉川弘文館
＊福山敏男（1971）『日本建築史研究　続編』墨水書房

明治時代には、漢文のように英語を訓読していたというのは本当ですか

回答＝八木下孝雄

江戸時代からあった「欧文訓読」

本当です。

幕末・明治期にヨーロッパの文化が大量に日本に伝わる中で、ヨーロッパの諸言語で書かれた書物の翻訳が行われました。また、同時に、外国語の教育や学習も盛んに行われるようになりました。特に、明治期以降は（現在に至るまで）、英語の教育や学習が盛んに行われるようになります。

質問の、「英語を訓読していた」というのは、特に、英語教育・学習の場において行われていました。その訓読がどのように行われていたのかということは、明治期の英語教科書の参考書として出版されていた、訳本に見ることができます。

たとえば、図1を見てください。これは、New National 2nd Readerという英語リー

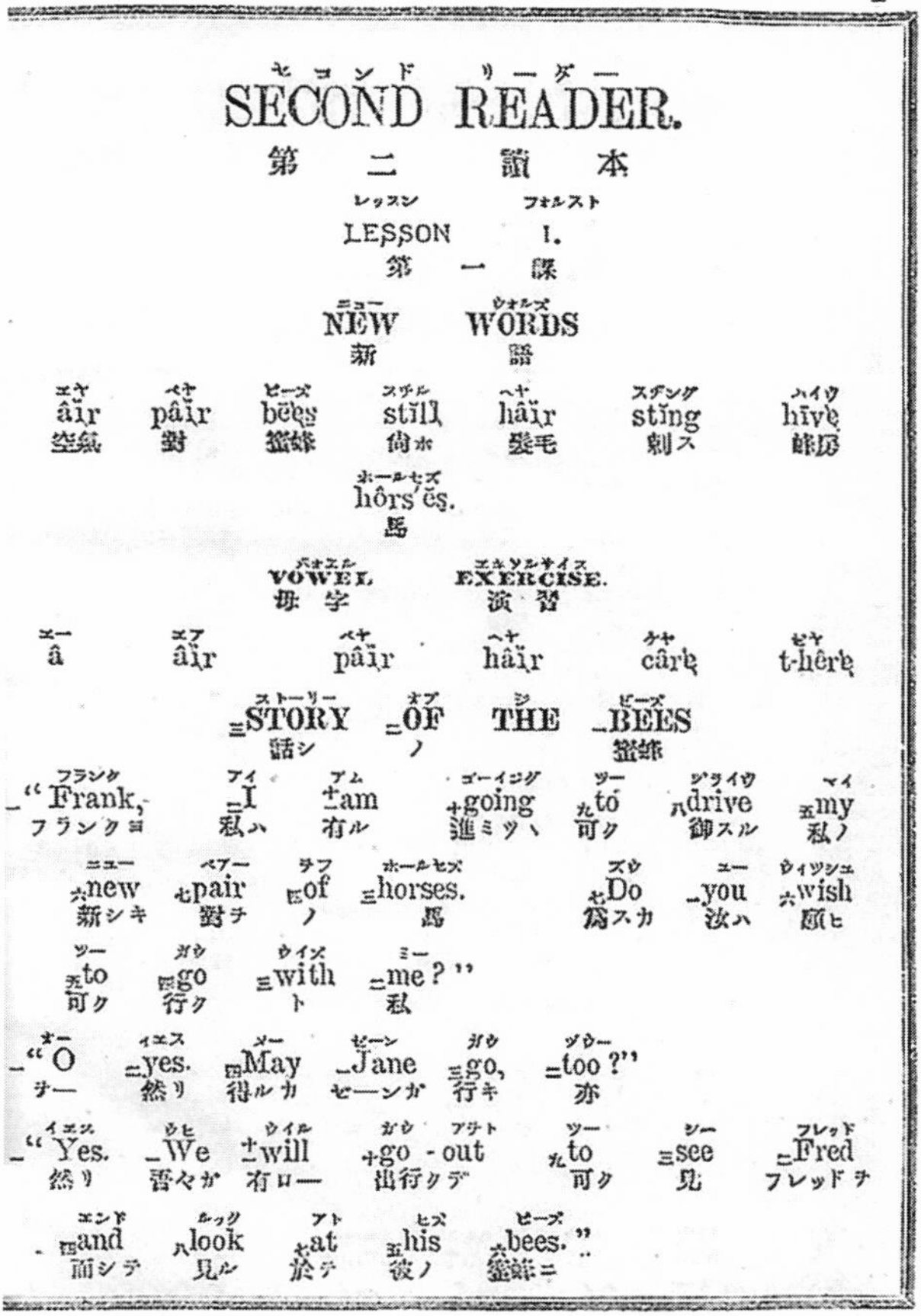

1

SECOND《セコンド》 READER.《リーダー》

第二讀本

LESSON《レッスン》 I.《フォルスト》

第一課

NEW《ニュー》 WORDS《ウォルズ》

新語

âir《エヤ》 空氣　pâir《ペヤ》 對　bees《ビーズ》 蜜蜂　still《スチル》 尚ホ　hâir《ヘヤ》 髮毛　sting《スチング》 刺ス　hive《ハイウ》 蜂房

hôrs'es.《ホールセズ》 馬

VOWEL《バオエル》 EXERCISE.《エキソルサイス》

母字 演習

â《エー》　âir《エア》　pâir《ペヤ》　hâir《ヘヤ》　câre《ケヤ》　t-hêre《ゼヤ》

三STORY《ストーリー》 二OF《オブ》 THE《ジ》 一BEES《ビーズ》

話シ ノ 蜜蜂

一"Frank,《フランク》 フランクヨ　二I《アイ》 私ハ　十am《アム》 有ル　十going《ゴーイング》 進ミツヽ　九to《ツー》 可ク　八drive《ドライウ》 御スル　五my《マイ》 私ノ

六new《ニュー》 新シキ　七pair《ペアー》 對チ　四of《オフ》 ノ　三horses.《ホールセズ》 馬　七Do《ズウ》 爲スカ　一you《ユー》 汝ハ　六wish《ウィッシュ》 願ヒ

五to《ツー》 可ク　四go《ガウ》 行ク　三with《ウイズ》 ト　二me?"《ミー》 私

一"O《オー》 オー　二yes.《イエス》 然リ　四May《メー》 得ルカ　一Jane《ゼーン》 ゼーンガ　三go,《ガウ》 行キ　二too?"《ツウー》 亦

一"Yes.《イエス》 然リ　一We《ウヒ》 吾々ガ　十will《ウイル》 有ローー　十go《ガウ》 -out《アウト》 出行クデ　九to《ツー》 可ク　三see《シー》 見　二Fred《フレッド》 フレッドチ

四and《エンド》 而シテ　八look《ルック》 見ル　七at《アト》 於テ　五his《ヒズ》 彼ノ　六bees."《ビーズ》 蜜蜂ニ

図1● 永井岩太訳『正則ニューナショナル第二リードル獨案内』（尚書堂、1886年）1ページ

出典：国立国語研究所 研究図書室 蔵本

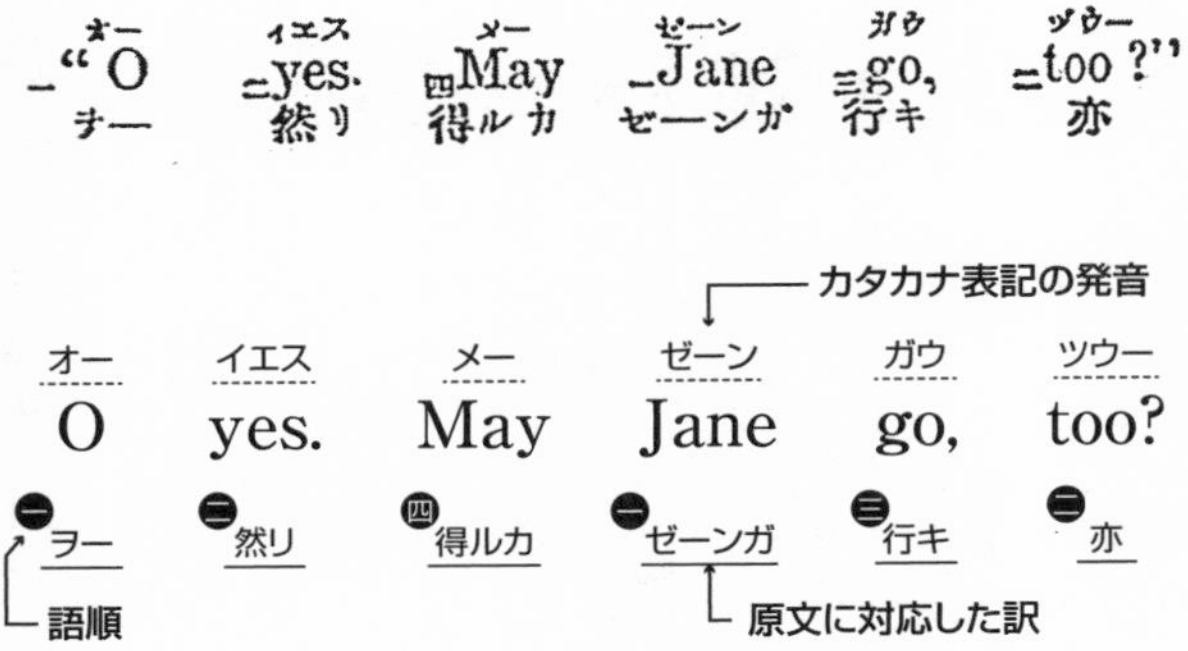

図2●図1の3文目、4文目

ダーの教科書の訳本です。これを見ると、原文の英語に1語ずつ日本語訳が付けられ、読む順番も数字で示されていることがわかります。具体的にどのように訓読していたのか見ていきましょう。

図2は図1の3文目から4文目の発話文を拡大したものです。原文は、

O yes. May Jane go, too?

という文です。それぞれの単語の上には、カタカナで発音が書かれていますね。また、それぞれの単語の下には、前から順番に、「ヲー（O）然リ（yes）得ルカ（May）ゼーンガ（Jane）行キ（go）亦（too）」と訳がカッコ内の原文に対応して付けられています。

さらに、原文の単語の左には小さな番号が付けられています。この番号通りに読むと、3文目は、「ヲー然リ」、4文目は「ゼーンガ亦行キ得ルカ」となり、これが訳文となります。つまり、原文の単語にそれぞれ対応した日本語訳を番号通りに読むと、訳文ができあがるという仕組みになっています。

このように、まるで、漢文訓読の返り読みをしているように読むことから、このような翻訳の方法を「欧文訓読」と言うこともあります。

実はこの欧文訓読は明治期に始まったことではなく、すでに、江戸時代の蘭学、つまり、オランダ語文献の読解から、欧文訓読の歴史は始まっているとされています[*1]。

「最も〜の一つ」は翻訳から定着した

もう一つ例をあげましょう。図3を見てください。

これは、New National 3rd Reader という英語のリーダーの教科書のための訳本で、第4章の冒頭部分です。これも、少し拡大して、図4で2文目を詳しく見てみましょう。

図4の原文は、

The wood-mouse made her house, which was at the foot of a spruce-tree, look as nice as she could and took home some roots and buds for dinner.

という文です。最初のほうにある、made の部分を図4で見てください。原文 made に対して、訳が2つ付いています。

「シテ」という訳には10の番号、「シメキ」という訳には17の番号があります。これは、それぞれの順番でそれぞれの訳を読む、つまり、この文において、made を再読することを示しています。まさに、漢文訓読と同じような方法で訳文を作っていることがわかります。

ここには示していませんが、他にも漢文訓読と同じ方式をとっているように見える例として、数字の順番を飛び越えた指示をする、「上中下点」にあたるような役割をアルファベットで示したものなどもあります。

では、欧文訓読はなぜ行われていたのでしょうか？

上述のように、欧文訓読は英語教育や英語学習の場で行われていた翻訳方法でした。欧文訓読は、原文を崩さずに日本語の訳文を作り上げますが、これは、原文、つまり、英語の構造を理解することが大きな目的であったことを意味します。そのため、欧文訓読でで

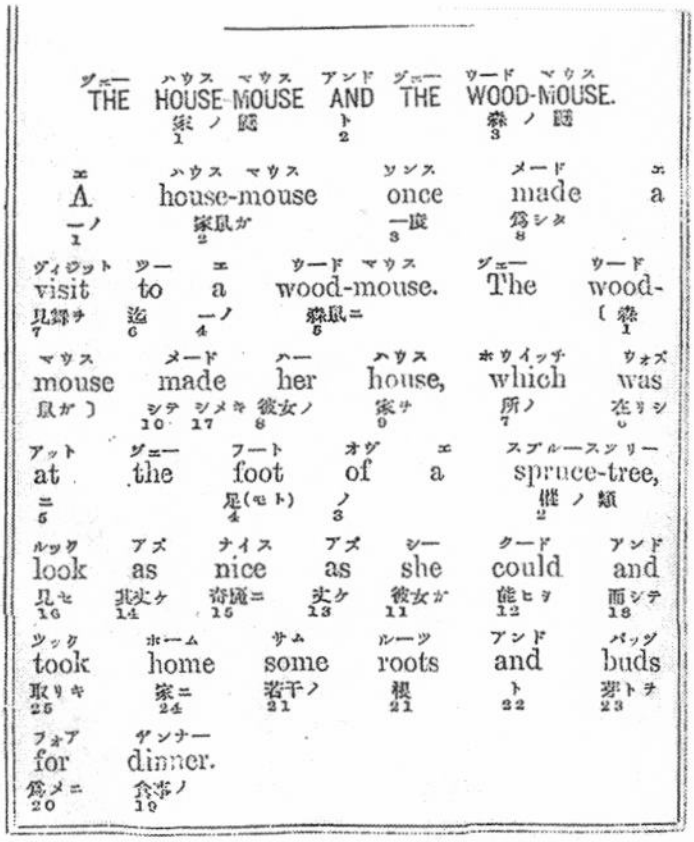

THE《ヂー》 HOUSE-MOUSE《ハウス マウス》 AND《アンド》 THE《ヂー》 WOOD-MOUSE.《ウード マウス》
家ノ鼠 1　ト 2　森ノ鼠 3

A《エ》 house-mouse《ハウス マウス》 once《ワンス》 made《メード》 a《エ》
一ノ 1　家鼠ガ 2　一度 3　爲シタ 8

visit《ヴィジット》 to《ツー》 a《エ》 wood-mouse.《ウード マウス》 The《ヂー》 wood-《ウード》
見舞ヲ 7　迄 6　一ノ 4　森鼠ニ 5　〔森 1

mouse《マウス》 made《メード》 her《ハー》 house,《ハウス》 which《ホヰイッチ》 was《ウォズ》
鼠ガ〕　シテ 10 シメキ 17　彼女ノ 8　家ヲ 9　所ノ 7　在リシ 6

at《アット》 the《ヂー》 foot《フート》 of《オヴ》 a《エ》 spruce-tree,《スプルースツリー》
ニ 5　足(モト) 4　ノ 3　樅ノ類 2

look《ルック》 as《アズ》 nice《ナイス》 as《アズ》 she《シー》 could《クード》 and《アンド》
見セ 16　其丈ケ 14　奇麗ニ 15　丈ケ 13　彼女ガ 11　能ヒタ 12　而シテ 18

took《ツック》 home《ホーム》 some《サム》 roots《ルーツ》 and《アンド》 buds《バッヅ》
取リキ 25　家ニ 24　若干ノ 21　根 21　ト 22　芽トヲ 23

for《フォア》 dinner.《ヂンナー》
爲メニ 20　食事ノ 19

図3●イーストレーキ、本多正合訳『直譯及意譯ニューナショナル第三リーダー獨案内』（鍾美堂、1899年）22ページ
出典：国立国語研究所 研究図書室 蔵本

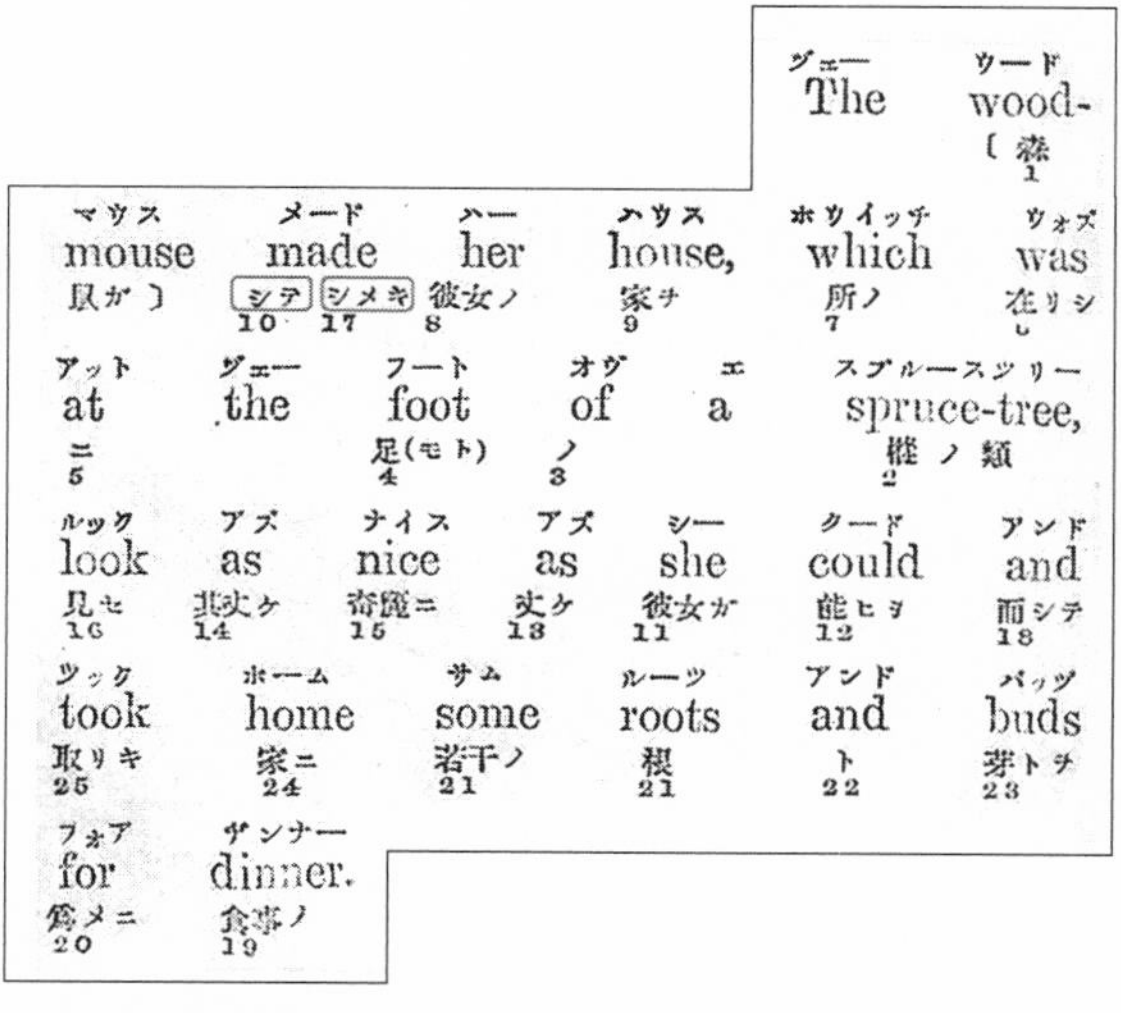

The《ヂー》 wood-《ウード》
〔森 1

mouse《マウス》 made《メード》 her《ハー》 house,《ハウス》 which《ホヰイッチ》 was《ウォズ》
鼠ガ〕　シテ 10 シメキ 17　彼女ノ 8　家ヲ 9　所ノ 7　在リシ 6

at《アット》 the《ヂー》 foot《フート》 of《オヴ》 a《エ》 spruce-tree,《スプルースツリー》
ニ 5　足(モト) 4　ノ 3　樅ノ類 2

look《ルック》 as《アズ》 nice《ナイス》 as《アズ》 she《シー》 could《クード》 and《アンド》
見セ 16　其丈ケ 14　奇麗ニ 15　丈ケ 13　彼女ガ 11　能ヒタ 12　而シテ 18

took《ツック》 home《ホーム》 some《サム》 roots《ルーツ》 and《アンド》 buds《バッヅ》
取リキ 25　家ニ 24　若干ノ 21　根 21　ト 22　芽トヲ 23

for《フォア》 dinner.《ヂンナー》
爲メニ 20　食事ノ 19

図4●図3の2文目　※囲み枠は筆者による

きた日本語の訳文は日本語として不自然なものも多くあります。

しかし、ここで生まれた日本語としては不自然にも思えるような訳文の表現は、やがて日本語の新たな表現として使用されるようになります。これらは、「翻訳調」「欧文脈」などと言われるような表現です。

たとえば、「最も〜の一つ」のような、英語の one of the most... の訳にあたると考えられる表現は、現在でも、翻訳ではない、はじめから日本語として表現された発話や文章などによく見られます。

英語の構造を理解することが目的であった欧文訓読による訳文の表現が、日本語の新たな表現になっていったのです。

＊1―森岡健二（1999）『欧文訓読の研究―欧文脈の形成―』明治書院

明治時代、犬を「カメ」と呼ぶことがあったというのは本当ですか

回答＝服部紀子

西洋人のふるまいを誤解して生まれたことば

本当です。例えば、明治3年～9年に刊行された仮名垣魯文《かながきろぶん》『西洋道中膝栗毛《せいようどうちゅうひざくりげ》』に次のように現れます。

当時海岸通りじヤア　おれが面を見りやア　異人館の洋犬《かめ》までが尻尾《しっぽ》をさげる

「カメ」の起源には諸説ありますが、有力なのは石井研堂《いしいけんどう》『明治事物起原』（明治41年刊）の記述です。これは明治時代の日本の様子がわかる代表的な文献で、「カメ」という名称について次のように述べています。

邦人、洋犬を呼びてカメとなすは、洋人の、犬を呼ぶに来れ〱《カムカム》といへるを聞きて、犬のことゝなし転訛して終に其の名となしゝなりといふ。

（日本人が西洋の犬を「カメ」と呼ぶのは、西洋人が犬を呼ぶときに「come, come（来い、来い）」と言っているのを聞いて犬のことと思い、音がなまって、ついには西洋犬を指す名前になったという）

西洋人が犬に向かって「カム、カム」と話しかけるのを聞いて、西洋の犬は「カメ」というのだと当時の日本人たちが勘違いしたという説です。つまり、聞き間違いから発生したことばとなります。また、洋犬（西洋の犬）を「カメヤ」と呼んだ例もあります。

「なんだカメヤ。《西洋人犬を呼ぶに来々《コイ》といふ詞なり。邦人謬伝《アヤマリツタ》へて犬の名と思ふ者なり。今其謬語《ビウゴ》を用ふ》何が欲《ほし》い。カメヤ。何処《どこ》へゆくのだ」
（渡部温《わたなべおん》訳『通俗伊蘇普物語《つうぞくいそっぷものがたり》』巻之四　明治6年刊）

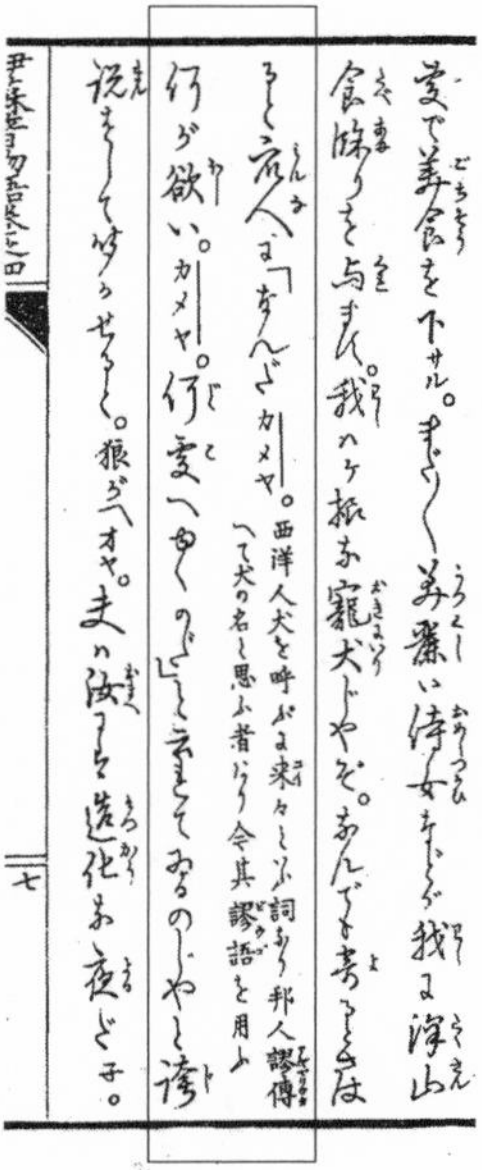

何が欲い。カメヤ。

西洋人犬を呼ぶに来《コイ》々といふ詞あり邦人謬傳《あやまりつたへ》て犬の名と思ふ者ありて今其謬語《びうご》を用ゆ

渡部温訳『通俗伊蘇普物語』巻之四
明治6年刊
出典：国立国会図書館デジタルコレクション
※囲み枠は筆者による

この「カメヤ」も「カメ」と同様にcome hereの誤解から生じたことばです。洋犬を「カメ」と呼んでいた明治初期の言語生活の様子を見ると、大きく2種類に分けられます。一つは漢文に長《た》けた知識人たちの言語生活、もう一つは必要最低限の漢字・漢語のみを身に付けた非識字層と言える一般庶民の言語生活です。

両者の差は外国の事物を受け入れる際にも反映されています。漢語に造詣《ぞうけい》の深い知識人たちは、philosophy＝「哲学」、deduction＝「演繹《えんえき》」などのように、漢字を媒体とした様々な翻訳語を誕生させました。

一方、一般庶民の言語生活の中で用いられた外来語には、耳から入る外国語を日本語の発音風に聞きなした語が見られます。station（駅）を「ステンショ」と呼ぶなどがその例で、この「カメ」もその一つと言えるでしょう。

時は文明開化の真《ま》っ只中《ただなか》。「カメ」を飼うのは当時のステイタスであり、和犬とは区別されていたことも様々な文献からわかっています。

「ポチ」は西洋式の名前だった

ちなみに犬の名前の代表格である「ポチ」という呼び名が誕生したのもこの頃です。[*1] もともと犬は「トラ」「クマ」「クロ」といった毛の色や大きさなど、見た目からついた名前で呼ばれていました。つまり、毛の色が黒ければどの犬も「クロ」と呼ばれていたのです。当時は個人で犬を飼う習慣がなかったため、誰が見てもわかるような名前で呼ぶのはとても自然なことであったと思われます。

ところが、明治6年に「畜犬規則」が制定されると、飼い主の名札がついていない犬は野犬として殺処分されるようになってしまいました。このことがきっかけとなって各家庭で犬を飼うようになったのですが、その犬に多かったのが和犬ではなく、当時ステイタスとされていた「カメ（洋犬）」でした。そして、西洋式に「カメ」らしい名前をということで、「ポチ」や「ジョン」などといった名前が個別につけられるようになったということです。

＊1―仁科邦男（2017）『犬たちの明治維新　ポチの誕生』草思社文庫
＊樺島忠夫ほか編（1996）『明治大正　新語俗語辞典　新装版』東京堂出版
＊飛田良文（2002）『明治生まれの日本語』淡交社

「国」と「國」のように、昔と今とで形が違う漢字があるのはなぜですか

回答＝銭谷真人

漢字の使用停止を視野に入れた「当用漢字字体表」

最初に確認しておきますと、「国」と「國」は意味も読みも全く同じで、漢字としての働きに違いは全くありません。「水戸黄門」でおなじみの「徳川光圀《みつくに》」の「圀」も同様です。

このように機能が同じで形が異なる漢字のことを、「異体字」と呼びます。「崎」に対する「﨑」、「島」に対する「嶋」などは、みなさんもきっと見たことがあるでしょう。異体字は案外私達の身近なところで使われています。

さて「國」は「国」の異体字ですが、今はあまり見かけませんね。それは何故でしょうか。

一般に今使われている「国」のように画数の少ない簡略化された漢字のことは「新字体」、昔使われていた「國」のように画数の多い難しい漢字のことは「旧字体」と称されます。

昭和24（１９４９）年、それまで使われていた難しい字体をやめて、簡単な字体を使うようにと、内閣が国民に告示したのが「当用漢字字体表」です。「当用」というのは、「当面用いる」という意味で、実は漢字自体の使用をやめさせるということも視野に入れての名称でした。

それというのも有識者の中に「漢字の習得に膨大な時間を費やすことが学習の妨げになる。その結果諸外国に後れを取る」と考える人がいたのです。この考え方は戦前からあり、古くは幕末に前島密《ひそか》が「漢字《かんじ》御廃止《おんはいし》之《の》議《ぎ》」で提唱したことが知られています。

その「当用漢字字体表」の中で、簡略な字体に改められた漢字が「新字体」です。新字体は昭和56（１９８１）年、内閣告示の「常用漢字表」にそのまま引き継がれました。今度は「常用」ですので、「常に用いる」漢字として制定されました。

そして現代でも新字体が「正しい漢字」（ここでは教育上、一般的にという意味で）として使用されるに至った訳です。

新字体は戦後に作ったわけではない

ここで一つ注意していただきたいことがあります。「新字体」というと、その時新しく作られたかのように思われるかもしれませんが、そうではありません。

漢字には昔から、字源（漢字の構成原理、「國」ならば「口＋或」）に則った「正字」、字画（漢字を構成する点や線）を簡略化した「略字」（「學」に対する「学」など）、字源からは外れた書き方だが世間一般に通用している「俗字」（「裏」に対する「裡」など）など、一つの漢字に対して複数の異体字が存在することが珍しくありませんでした。そして正字以外の字体も一般的に使われてきたのです。


例えば江戸時代の版本（手書きの文字や絵を版木に彫って印刷した出版物）には略字や俗字なども多く見られます。今とは違って、行書や草書など、字を崩して書くことも多かったので、崩して書き易い字体が好まれたということもあったのでしょう。

やはり字を書く上で、それが書き易いかどうかというのは、重要な要素です。新字体は長い漢字の歴史の中で生み出された数々の字体のヴァリエーションの中から、簡単に書けるものを選んだということです。

それ故に現代では、書くのが難しく、「正しい漢字」ともされていない「國」をわざわざ書くことはしないのです。

なお既に江戸時代には現在の新字体に相当する字体が使われていながら、「戦前＝旧字体のみの使用」というイメージがあるのは、明治期になってから隆盛した活版印刷においては正字の使用が好まれていたからであると考えられます。

正字の中には「國」や「學」などの旧字体が多く含まれ、戦前の書籍や新聞を見ると、それが目立つのです。活字は一度作ってしまえば何度でも使えるので、難しい字体であっても構わなかったのでしょう。

なぜ苗字には旧字体が多いのか

ところで現在でもどうしても「国」ではなく、「國」と書かなければならない場合があります。それは戸籍上の氏名に「國」の文字が使われているときです。

戸籍上の氏名は、新字体と旧字体などの字体の差も厳格に区別されます。正式な書類においては、「國」の字を用いる必要があるのです。

現代では新しく生まれてきた子供の名前に旧字体を用いることは基本的にはできません

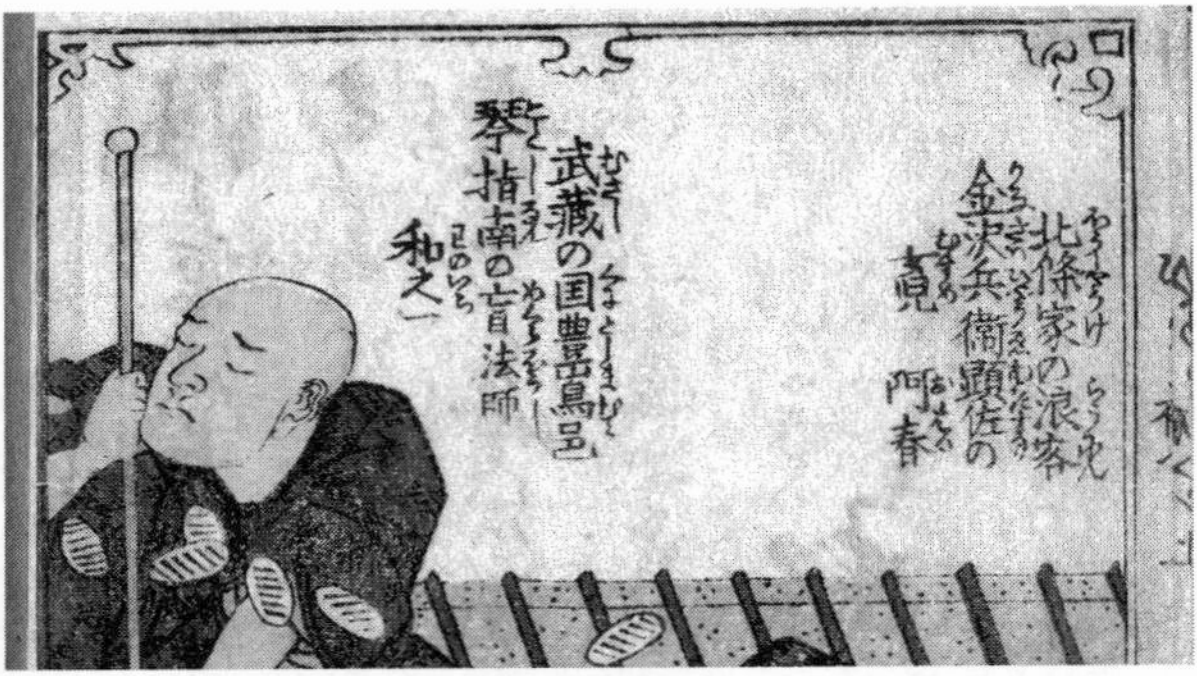

人情本『比翼連理花廼志満台《はなのしまだい》』（国立国語研究所蔵）より「武蔵《むさし》の国《くに》豊嶌邑《としまむら》」の文字
江戸時代の版本には既に新字体である「国」（図では正確には「口」に「王」ですが）の字体が見られます。ちなみに「嶌」も「島」の異体字です。「嶋」とは「山」と「鳥」の位置関係が異なっているのが面白いですね。

（人名用漢字として一部認められているものもあります）が、昔は正式な場では旧字体の方が通常用いられていました。名前に旧字体が用いられている方は今でも多くいらっしゃいますし、苗字に旧字体が用いられている場合などは、それが半永久的に受け継がれていくことになります。

漢字の意味や読みは同じでも、「国」と「國」を区別することには、まだまだ意義があるという訳です。

戸籍の氏名に異体字が用いられている場合、一般的な字体に直して書く方もいらっしゃいますが、よほど難しい字体でない限り、普段から異体字を用いる方が多いのではないかと思われます。

そのため人名に使用される頻度の高い異体字は、やはり目につきやすいですね。前述の「﨑」や「嶋」が身近に感じられるのもそのためでしょう。

異体字は人名の他に、地名に用いられていることも多々あります。中にはその土地でしか使われない「方言文字」と呼ばれる特殊な異体字も存在します。

人名や地名に見慣れない漢字を見つけた場合、それは「知らない漢字」ではなく、「知っている漢字の異体字」の可能性もあります。調べてみるときっと、面白い発見があると思います。

おわりに

本書は国立国語研究所（略称　国語研）に寄せられた日本語に関する疑問・質問に国語研の関係者が答えたものです。国語研では、国民のみなさん方からメールや電話で寄せられた質問や、研究者が日常的に受けた質問のうち、代表的なものについての回答をホームページで随時公開しています（現在は電話での質問受付は行っていません）。本書は、そのような疑問・質問とその回答をまとめて編集したものです。

いろいろな研究者が自分の裁量の範囲内で答えているので、回答の仕方はさまざまですが、回答者はみな日本語学・言語学の専門家ですから、その回答には一定の基準がありま す。まず、最初にお話ししておきたいのは、ここで示されているのは、ことばの正誤に関する裁定ではないということです。みなさん方の質問には「AとBのどちらが正しいのか」「最近の若い人はAのような間違ったことばづかいをしている。直すように指導してほしい」などとことばの裁定を求めるものが散見するのですが、国語研はそのような「正しい」ことばの使い方を決めるところではありません。

国語研は１９４８年に国立の研究所として設立されました。当初の目的は「国語及び国民の言語生活の全般にわたり、科学的総合的な調査研究を行う大規模な研究機関の設立」でした。設立当初は、日本語の共通語化・標準化のための基礎的研究がその目的の一つに入っており、したがって、日本語の共通語化・標準化のための言語政策にかかわるような調査もその業務の一つであり、「正しい日本語」「あるべき日本語」を裁定するような機関と誤解されることもあったかもしれません。しかし、設立趣旨にもあるように、あくまで、国語研の設立目的は「科学的な基礎研究」であり、国語に関する規範を設定することではありません。設立当初も国語研は、実際の言語状況を調査し、そのデータを解析して、日本人の言語生活全般を豊かにするための基礎的研究を行っていたと言えます。

国語研は、国立機関、独立法人とその形態を変えて、２００９年に大学共同利用機関法人人間文化研究機構に移管され、大学に属する研究者と共同して、大学で行えない大型の共同研究や共同調査を行っています。したがって、現在は国民の言語生活を豊かにするための基礎資料を調査・収集するというより、言語に関わる基礎的な科学研究、および、その成果に基づいた応用研究を行うのが主な業務となっています。

実は、移管前までは国語研は国研《こつけん》と呼ばれていました。国研と呼ばれている研究所が別にあったため、移管に際して、紛らわしくないように「国語研」と変えたと聞いています。いまでも昔の国語研を知っている人は国研と呼びますが、国語研が正式の略称となっていますのでよろしくおねがいします。ちなみに移管に際して、英語の名称をNational Institute for Japanese Language and Linguisticsとし、略称をNINJALとしました。NINJAに近いので外国の方にも覚えてもらいやすいようです。

本書の内容は独立法人時代の文章も入っていますが、その多くが大学共同利用機関法人に移管して以降の専任、非常勤、共同研究員たちによって書かれています。これらの研究者は大部分が純科学的な調査・実験と理論的考察をするのが専門ですので、普段は、ことばの豆知識を集めたりしているわけではありません。ただ、これらの研究者たちは毎日ことばのことを考えているので、自然と豆知識が身についていますし、ある疑問が寄せられるとそれについて調べ上げて、さらに自分で深く考えて、正しい知識を提示することができます。本書にあげられている「疑問」は、国民のみなさん方から寄せられたものだけでなく、国語研の所員や関係者が普段疑問に思っていることがらを互いに質問して、調べてもらい、答えてもらっているものもあり、わたしが読んでもなかなか勉強になるものが含まれています。

本書を読者のみなさん方が読まれてすこし驚かれることの一つは、日本語の疑問なのに答えにさまざまな言語との比較が含まれていることかと思います。国語研は研究対象を単に日本語だけに限定せず、世界のさまざまな言語と比較対照することで日本語の特徴を捉え、日本語を詳しくみることでこれまで気が付かれなかった諸外国のことばの特徴を探ることも研究内容となっています。このため、所員、共同研究者には非常に多くの言語の研究者も含まれます。本書で言及がある言語だけでも、英語、フランス語、ロシア語、ドイツ語、ラテン語、トルコ語、ユピック・エスキモー語、韓国語、ハンガリー語、さらには、日本手話以外のいろいろな国の手話などがあります。また、外国語や現代の日本語共通語だけでなく、古い日本語や日本語の歴史、日本で話されているさまざまなことばが参照されています。いま話され、書かれている日本語共通語だけでなく、日本で話されていることばの多様性にも関心をもっていただきたいと思います。

本書には、「どうも気になる最近の日本語」のなかの「やばみ」のようないわゆる「若者ことば」の実態や敬語などの、これまでも読者の関心が深かった話題だけでなく、絵文字であるとか、キラキラネーム、手話、干支、外国人の日本語学習など、これまであまり取り上げられなかった質問・疑問が取り上げられています。新進気鋭の若手研究者が自分の研究内容を意欲的に回答したものや中堅研究者の手堅い実証的な回答など、切り口はさまざまですが、回答者はみな楽しんで調べ、一生懸命考えた結果を示してくれていますので、読者のみなさん方にも、楽しんでいただけるものとなっているかと思います。

国語研は言語にかかわる科学的基礎研究がその本務ですが、その成果は究極的には当初の設立目的である「日本人の言語生活全般を豊かにする」ことにつながっており、本書によって国語研の科学的研究の成果の一部をみなさん方と共有できればと思います。

国立国語研究所　所長　　田窪行則

執筆者紹介

相澤正夫（あいざわ まさお）…国立国語研究所 名誉教授。研究所には１９８４年から２０１９年まで在籍。日本語が変化していく様子を詳細に観察・調査・分析し、その成果を言語教育や言語生活の向上に生かすべく、様々に方策を探り続けている。

青木優子（あおき ゆうこ）…東京福祉大学 社会福祉学部 講師。文章を構成するサイズの異なるまとまりを、読み手はどのように認識するのか、また、文章を書く際に、どのようにまとまりを作ったらわかりやすい文章になるのかについて研究している。

居關友里子（いせき ゆりこ）…国立国語研究所 音声言語研究領域 プロジェクト非常勤研究員。人々が言語や身体を用いてどのように会話しているのかについて研究しており、現在は子どもを含む会話について特に関心をもっている。

井上文子（いのうえ ふみこ）…国立国語研究所 言語変異研究領域 准教授。会話に現れる地域差に関心がある。それぞれの地域に特有な話の進め方のパターンがありそうなので、その観点から各地の方言をとらえたいと研究を進めている。

井上優（いのうえ まさる）…日本大学 文理学部 教授。専門は現代日本語の文法・意味だが、中国語話者が身近にいることから、日本語と中国語の対照研究も行っている。

宇佐美 洋（うさみ よう）…東京大学大学院 総合文化研究科 言語情報科学専攻 教授。言語の「正しさ」そのものでなく、「正しさ」を決める価値観の姿について、またひとが、異質な価値観も受け入れられるようになるための方法について、考察を行っている。

臼田泰如（うすだ やすゆき）…国立国語研究所 音声言語研究領域 プロジェクト非常勤研究員。私たちが普段何気なく交わしている会話というものは、実は非常に微細で緻密な仕組みの上に成り立っている。そのような会話を成り立たせる仕組みを研究している。

大島 一（おおしま はじめ）…国立国語研究所 言語変異研究領域 プロジェクトPDフェロー。東京外国語大学非常勤講師、桜美林大学 非常勤講師。ハンガリー語文法から、その方言研究、そして日本語との対照研究が専門。現在は日本国内の方言についても研究を進めている。

小河原義朗（おがわら よしろう）…東北大学大学院 文学研究科 教授。大学で日本語教員養成に携わっている。専門は日本語教育学で、日本語教育方法論、教室談話、教師教育などの研究に取り組んでいる。

柏野和佳子（かしの わかこ）…国立国語研究所 音声言語研究領域 准教授。博士（学術）。「コーパス」と呼ばれる言語データベースの構築に携わっている。また、日々、ことばの観察や分析を重ね、国語辞典の改訂にも取り組んでいる。

片山久留美（かたやま くるみ）…国立国語研究所 言語変化研究領域 プロジェクト非常勤研究員。日本語の文字や表記について研究している。国語研では『日本語歴史コーパス』の開発に携わる。

金井勇人（かない はやと）…埼玉大学大学院 人文社会科学研究科 教授。埼玉大学で外国人留学生に対する日本語の授業、および学部生・大学院生に対する日本語学の授業を担当している。おもに指示詞・人称詞について研究している。

金田智子（かねだ ともこ）…学習院大学 文学部 教授。日本語教師というのは、教室の内外でどんな役割を果たしているか。どのような力が必要か。授業を分析しながら、また、養成・研修の場で様々な人とやりとりをしながら、これらの問いを自分自身に投げかけてきた。

窪薗晴夫（くぼぞの はるお）…国立国語研究所 理論・対照研究領域 教授。神戸大学大学院 人文学研究科 教授を経て、２０１０年４月から現職。専門領域は言語学、日本語学、音声学、音韻論、危機方言。他の言語と比較して日本語の仕組みを研究している。

小磯花絵（こいそ　はなえ）…国立国語研究所 音声言語研究領域 教授。日常生活の中で自然に生じる多様な場面の会話を集めた『日本語日常会話コーパス』の構築に取り組んでいる。

斎藤達哉（さいとう　たつや）…国立国語研究所、文化庁国語課等を経て現在、専修大学 国際コミュニケーション学部 教授。文字の運用方法の史的研究のほか戦中・戦後の日本語学者の動向にも関心がある。生物学者になりたかったことを、幼稚園に通う息子が動植物に関心を寄せる姿を見て懐かしく思い出している。

銭谷真人（ぜにや　まさと）…鎌倉女子大学 教育学部 講師。２０１８年博士（文学）学位取得、専攻は日本語学（文字・表記）、専門は近世近代の平仮名の字体、最近興味のある研究対象は近世近代の「あて字」。

滝浦真人（たきうら　まさと）…放送大学 教授。言語学科の出身だが、言語の仕組みよりも人が言葉で何をしているかへの関心が高く、語用論を専門とするように。最近は「やりもらい」の授受動詞に関わる（イン）ポライトネスについての研究などをしている。

田村幸誠（たむら　ゆきしげ）…大阪大学 言語文化研究科・外国語学部 准教授。大学院を修了するまでは英語学を専門にしていた。英語と他の言語を比べてみたい、言語と文化の関係を深く考察したいと思ったことから、ユピック・エスキモー語の勉強・研究を始める。

中西太郎（なかにし たろう）…跡見学園女子大学 文学部 准教授。専門分野は方言学、社会言語学。あいさつを含む言語行動の研究、方言コーパスの研究、非母語話者へのコミュニケーションの研究を手掛ける。

新野直哉（にいの なおや）…国立国語研究所 言語変化研究領域 准教授。「誤用」と呼ばれるような近現代の新語・新用法、さらにそれが同時代の人々にどう受け止められたかという意識の問題に関心を持ち、研究を行っている。

バックハウス ペート（Peter BACKHAUS）…早稲田大学 教育・総合科学学術院 英語英文学科 教授。ドイツ・アーヘン市生まれ。専門は社会言語学。現在はおもに文学作品における固有名詞について研究している。Japan Times のコラム "Bilingual" にも定期的に執筆。

服部紀子（はっとり のりこ）…都留文科大学 非常勤講師、学習院女子大学 非常勤講師。江戸時代から明治時代にかけての文法学説を研究している。蘭学や英学からの影響を受けながら、日本人の言語観がどのように変化してきたのかについて興味を持っている。

平山真奈美（ひらやま まなみ）…成蹊大学 文学部 准教授。修士課程修了後カナダに留学し、言語学を学びながら、異文化の都市トロントで、多様な考え方を尊重する文化に触れる。現在はおもに言語の音声について研究している。

前川喜久雄（まえかわ きくお）…国立国語研究所 音声言語研究領域 教授。鳥取大学 講師などを経て、国立国語研究所には１９８９年から在籍。おもに音声学と言語資源について研究している。

丸山岳彦（まるやま たけひこ）…専修大学 国際コミュニケーション学部日本語学科 教授。国立国語研究所 音声言語研究領域 客員教授。博士（学術）。専門は言語学、コーパス日本語学。日本語コーパスの設計と開発、分析に従事。

三上喜孝（みかみ よしたか）…国立歴史民俗博物館 教授。博士（文学）。山形県立米沢女子短期大学 講師、山形大学 人文学部 准教授を経て、現職。おもに日本古代史について研究している。

宮内佐夜香（みやうち さやか）…中京大学 文学部 教授。主に日本語の接続表現の変化について研究している。「文系」のＩＣＴ苦手意識を払拭すべく、授業ではコーパス利用を中心にパソコンを使った調査・研究の実践を積極的に取り入れている。

三宅和子（みやけ かずこ）…東洋大学 名誉教授。博士（文学）。専門は社会言語学。「語用論」「メディアとことば」「移動とことば」をキーワードに、使っている人の顔が見えるような言語の研究を目指している。

宮嵜由美（みやざき ゆみ）…明治大学 兼任講師。共立女子大学・昭和女子大学 非常勤講師。対面に限らず、「つながりたい」想いから広まる、様々な媒体を使用した人と人との円滑なコミュニケーションのための工夫について研究している。

茂木俊伸（もぎ としのぶ）…熊本大学大学院 人文社会科学研究部 准教授。専門分野は現代日本語文法。日常生活の日本語の〝不思議〟を探索し、その分析に「ねぇ、この表現なんだけど気にならない？」と周りを巻き込むことを喜びとする。

八木下孝雄（やぎした たかお）…国立国語研究所 研究情報発信センター プロジェクト非常勤研究員、明治大学 兼任講師、二松学舎大学・都留文科大学 非常勤講師。博士（文学）。「欧文直訳的表現」をキーワードに、ヨーロッパの諸言語の直訳的な表現が、日本語の一般的な表現として受容されていく現象を研究している。

柳田直美（やなぎだ なおみ）…一橋大学 准教授。博士（言語学）。吉林大学（中国）外国人専門家、早稲田大学 インストラクター、関西学院大学 常勤講師等を経て現職。日本人と外国人の日本語での口頭コミュニケーションを分析し、「わかりやすい話し方」につなげる研究をしている。

山崎 誠（やまざき まこと）…国立国語研究所 言語変化研究領域 教授。日本語の語彙を中心に計量的研究を行っている。また、シソーラスの構築など語彙に関する言語資源の開発も手がける。

山田貞雄（やまだ さだお）…伝統的な日本語学（旧国語学）を勉強したのち、旧図書館情報大学では、写本と版本の二種によって『竹取物語』を読みとく授業や、留学生のための日本語・日本事情を担当。その後、国立国語研究所では「ことば（国語・日本語・言語）」に関する質問に回答してきた。

米川明彦（よねかわ あきひこ）…梅花女子大学 名誉教授。学術博士（大阪大学）。専門は俗語研究・手話研究。２００４年４月〜２００７年３月、ＮＨＫ教育テレビ「みんなの手話」の講師を務める。最近は集団語について研究している。

渡辺由貴（わたなべ ゆき）…名古屋女子大学 文学部 講師。博士（文学）。「と－思う」「と－考える」等の文末表現の歴史を調べている。「と－思う」「に－よる」「で－ござる」のような「語の連続」という観点から日本語とその歴史について考えるのが好き。

初出一覧

以下に記載のない項目の初出は国立国語研究所のサイト
「ことばの疑問」(https://kotobaken.jp/qa/)。

●『新「ことば」シリーズ17　言葉の「正しさ」とは何か』(2004、国立国語研究所)

・何でも略して言うと、正しい日本語が失われてしまうのではないでしょうか

・家族や赤ちゃんのことを話すときに尊敬語を使うのは間違った言い方なのでしょうか

●『新「ことば」シリーズ18　伝え合いの言葉』(2005、国立国語研究所)

・「あのー」や「えっと」が多い人は話し下手なんでしょうか

・外国人の友人が先生に「推薦状をお書きください」と言いました。丁寧な言い方なのに失礼な感じがするのはなぜですか

・お客さんに対して使われている言葉には、デパートか個人商店かといった店の種類による違いがあるのでしょうか

・南米から来た人を「地球の裏側からのお客様です」と紹介したら、配慮を欠いた表現だと指摘されまし

たが、なぜでしょうか

●『新「ことば」シリーズ19　外来語と現代社会』(2006、国立国語研究所)
・tsunami(津波)のように、日本語がそのまま外国語で使われている例にはどんなものがありますか
・どうして日本語には外来語が多いのですか
・「クールビズ」のように急速に普及する外来語には、人を引き付ける何かがあるのでしょうか
・日本語を学ぶ外国人にとって、外来語は学びにくいものですか
・外来語をカタカナで書くのはいつから、どのように始まったのですか
・「エンターテインメント」が「エンターテイメント」「エンタメ」といったいろいろな語形で使われるのはなぜですか
・「コンディション」には、「状態」や「調子」では言い表せない特別な意味があるのでしょうか

編者略歴

昭和二十三（一九四八）年に、日本人の言語生活を豊かにする目的で誕生した、
日本の「ことば」の総合研究機関。
ことばの専門家が集まり、言語にまつわる基礎的研究および応用研究を行う。
平成二十一（二〇〇九）年十月に
大学共同利用機関法人　人間文化研究機構　国立国語研究所となり、
大学に属する研究者とともに大型の共同研究・共同調査を行うなど、
さらに活発な活動を展開。略称は国語研、ＮＩＮＪＡＬ。

国語研の活動に関してはホームページをご覧ください。
https://www.ninjal.ac.jp/

国語研の沿革・歴史　https://www.ninjal.ac.jp/info/aboutus/history/
写真で見る国立国語研究所の歴史　https://www2.ninjal.ac.jp/photo/
ことば研究館　https://kotobaken.jp/info/

幻冬舎新書 635

日本語の大疑問
眠れなくなるほど面白い ことばの世界

二〇二一年十一月二十五日 第一刷発行
二〇二二年 四 月二十五日 第九刷発行

編者 国立国語研究所
発行人 志儀保博
編集人 小木田順子
編集者 前田香織

発行所 株式会社 幻冬舎
〒一五一-〇〇五一 東京都渋谷区千駄ヶ谷四-九-七
電話 〇三-五四一一-六二一一(編集)
〇三-五四一一-六二二二(営業)
振替 〇〇一二〇-八-七六七六四三

ブックデザイン 鈴木成一デザイン室
印刷・製本所 株式会社 光邦

検印廃止

Printed in Japan ISBN978-4-344-98637-4 C0295
こ-26-1

幻冬舎ホームページアドレス https://www.gentosha.co.jp/
*この本に関するご意見・ご感想をメールでお寄せいただく場合は、comment@gentosha.co.jp まで。